Choque Entre Dos Reynos

Manual Completo De Oración E Intercesión

ANGELA STRONG

WESTBOW·
PRESS
A DIVISION OF THOMAS NELSON
& ZONDERVAN

Puede hacer pedidos de libros de WestBow Press en
librerías o poniéndose en contacto con:

WestBow Press
A Division of Thomas Nelson & Zondervan
1663 Liberty Drive
Bloomington, IN 47403
www.westbowpress.com
1-(866) 928-1240

ISBN: 978-1-4908-5230-0 (tapa blanda)
ISBN: 978-1-4908-5231-7 (tapa dura)
ISBN: 978-1-4908-5229-4 (libro electrónico)

Numero de la Libreria del Congreso: 2014916653

Información sobre impresión disponible en la última página.

Fecha de revisión de WestBow Press: 5/22/2015

ÍNDICE

PREFACIO

Es de mucho regocijo para mí el que hayas elegido el ser parte de esta transformadora y enriquecedora experiencia.

Si lo que estás buscando es el llevar tu relación con Dios a otro nivel, descubrir tu identidad como su hijo y aprender cómo orar efectivamente o recibir respuesta cuando oras, entonces has hecho la elección correcta.

Es mi propósito que cada persona descubra el potencial y propósito divino que se encierra en cada uno de nosotros. Que cada creyente conozca y opere en la dimensión de poder y autoridad que Dios depositó en su pueblo.

Este libro es además una herramienta práctica diseñada para llevar al creyente paso a paso a descubrir su lugar en el reino de Dios. A conocer las leyes y principios que rigen nuestro reino y cómo operar en ellos.

Las revelaciones encontradas en este libro llevarán al lector a descubrir principios claves de la oración e intercesión antes **no** revelados, como son las razones de por qué oramos y no recibimos nuestra respuesta.

También los diferentes tipo de oración a Dios que existen y la importancia de utilizar el tipo de oración adecuada según la situación que estemos enfrentando, según el área en la que estamos siendo atacados y según la dimensión o intensidad de ese ataque.

Este material es un manual y guía completo de intercesión que no solo traerá luz y respuesta a muchas de las interrogantes que surgen en la vida del creyente durante nuestro caminar con Dios sino que también lo empoderará como nunca antes en el área de la intercesión profética, guerra espiritual, liberación, estrategias de guerra; a romper con los ciclos de maldición, entre otros temas liberadores presentados a la luz de la biblia.

Los invito a que juntos entremos en la presencia de Dios y experimentemos el poder transformador de su palabra.

PRÓLOGO

Al final de cada año al igual que muchos de ustedes, suelo hacer mis resoluciones de las cosas que deseo lograr el próximo año.

A finales de 2009 decidí hacer lo mismo que había estado haciendo cada fin de año: mi lista de metas para el año siguiente. Lo único diferente era que en esa ocasión, mi largo listado de resoluciones se había reducido solo a una meta.

Esta era una meta muy singular y poco común con relación a lo que acostumbraba a programar en años anteriores. Todo lo que escribí en mi hoja de resoluciones fue: *para el año 2010 lo que deseo es lograr una relación de intimidad con el Espíritu Santo.*

Esa sola decisión cambio mi vida. A pesar de haber nacido en un hogar cristiano solo conocía al Espíritu Santo como la tercera persona de la Trinidad. Por muchos años pensé que esa posición de *tercero* era relativa a una posición jerárquica que determinaba su poder, influencia e importancia en la vida del creyente. Esa falsa concepción acerca de la persona del Espíritu Santo me llevó a pensar, como creo piensan muchos creyentes que por qué debería desarrollar una relación de intimidad con la tercera persona de la Trinidad si podía hacerlo directamente con la primera.

Por muchos años mi objetivo se limitaba solo a tener una relación con Dios padre o con Dios hijo pero obviaba la presencia del Espíritu Santo en mi vida.

No me daba cuenta de que era imposible lograr una relación de intimidad con Dios padre si primero no iniciaba una relación con el Espíritu Santo porque es el Espíritu Santo quien nos revela al padre.

Esa decisión tomada a finales de 2009 cambió completamente mi vida y mi perspectiva de fe. Por eso en esta oportunidad deseo romper los esquemas y cambiar orden. En lugar de que alguien me haga un prólogo como escritora hacerle yo un prólogo al Espíritu Santo, quien es el verdadero protagonista de esta historia y es quien realmente merece el crédito por este trabajo. Yo solo soy una de sus colaboradoras.

Quiero honrar al Espíritu Santo por ser mi mejor amigo, mi mentor, consolador; por ser quien renueva mis fuerzas, por ser mi guía, mi sustento, quien me revela los misterios escondidos y el que me guía a toda verdad y justicia.

Deseo honrar su presencia en mi vida, su cuidado, sabiduría, su dirección, su revelación. Le honro por ser mi escudo protector, mi defensor.

Pero sobre todo deseo honrarle porque siendo tan santo ha decidido morar en mí y hacer de mí su templo. Estoy segura de que cada verdad revelada por el Espíritu Santo en este libro está destinada a romper un eslabón de esa cadena que te ha mantenido detenido de tu destino.

El rompimiento que habías estado esperando por años se producirá en tu vida. Las verdades aquí reveladas te liberarán, tu larga espera terminará y que a medida que tu espíritu se sumerja en este material, el Espíritu Santo traerá confirmación a tu vida. Empezarás a entrar en el nivel de autoridad, plenitud y gobierno que el padre diseñó para ti.

DEDICACIÓN

Dedico este material a todos aquellos a quienes Dios ha puesto la necesidad en su corazón de operar en el área de la intercesión pero que no han dado el paso por carecer de la orientación o del equipamiento adecuado.

A aquellos que han hecho uso de la oración por años solo basados en los conocimientos que han tenido hasta el momento pero que todavía no han visto la manifestación visible de sus peticiones.

Lo dedico a aquellos que han venido sintiendo en su espíritu que hay algo más profundo que las experiencias que hasta ahora han experimentado en su caminar con Dios. A aquellos que han anhelado de todo corazón el ser guiados por el Espíritu Santo a operar en dimensiones de mayor profundidad en la intercesión y guerra espiritual.

Este libro está dedicado además a aquellas personas que están cansadas de operar bajo los mismos ciclos de opresión que le han mantenido estancados por años, personas que anhelan producir un cambio radical en su vida, ministerio, nación y que desean traer los principios y diseños del reino de Dios a sus circunstancias.

Finalmente dedico este libro a creyentes que están en espera de ver el cumplimiento de las promesas de Dios a sus vidas.

INTRODUCCIÓN

No deja de sorprenderme la cantidad de creyentes que viven sumergidos en una vida de limitación, escasez, enfermedad, opresión, miedos, debilidades, recurrencia en comportamientos pecaminosos etc.

Desconocen en primer lugar su identidad como hijos de Dios y la posición que le otorga esa identidad dentro del reino y en segundo lugar, su autoridad dentro del reino. Esta autoridad con la que han sido empoderados a través de la conversión, al recibir a Jesús, convirtiéndose así en ciudadanos de un Nuevo Reino, el reino de Dios.

Considero además que es alarmante ver la cantidad de creyentes que son muy conocedores de las infracciones o pecados que podemos cometer como ciudadanos del reino de Dios pero que desconocen la totalidad de los beneficios que ese Reino nos ofrece. Creyentes convencidos de que nuestra misión como cristianos es solo vivir una vida alejados del pecado para garantizar con esto su salvación, que piensan que esto es todo lo que necesitan hacer para vivir una vida cristiana victoriosa y que de eso se trata el reino de Dios.

En realidad esto representa solo una parte de todo el esquema de reglas y beneficios que conforman nuestro reino. El reino de Dios no es un sistema monótono y limitado de pasarse la vida pensando solo en cómo evitar pecar para lograr tener acceso a la salvación. ¡El reino de Dios es mucho más que eso!

Es un conjunto de reglas que tenemos que seguir como ciudadanos de ese reino pero obedecer esas reglas también nos da acceso a grandes beneficios. Beneficios que pocos creyentes conocen en su totalidad.

En este material les hablaré sustancialmente de esos beneficios que nos ofrece el reino de Dios y dentro de los cuales se encuentran la autoridad y el dominio, poder para operar en lo sobrenatural, poder para hacer uso de las armas de guerra, poder para ejercer autoridad sobre el reino de las tinieblas, etc.

Mi objetivo es que cada lector conozca cuál es el nivel de autoridad que le ha sido otorgado. Cómo ejercer autoridad sobre el reino de las tinieblas, cómo operar en el dominio que nos ha sido entregado, cómo utilizar nuestras palabras para producir rompimientos en nuestra propia vida y en los demás y cómo hacer uso adecuado de las armas espirituales que tenemos a nuestra disposición.

En otras palabras mi deseo es que cada creyente conozca el poder que nos ha sido otorgado a través de la muerte de Jesús en la cruz y cómo hacer uso adecuado de ese poder para traer rompimiento sobre nuestra vida, nación, matrimonio, finanzas, ministerio, etc.

Es mi objetivo además, darte a conocer otro de los grandes beneficios que nos concede esta nueva identidad como hijos de Dios y coherederos de la promesa.

Resulta preocupante el hecho de que a pesar de ser la oración la vía por la cual le permitimos a Dios operar en la tierra, muchos creyentes no hagan uso de esa arma tan poderosa. Ya sea porque les resulta una práctica monótona o porque solo conocen un tipo o dos de oración: la *oración de rendición* y la *oración intercesora*. En realidad existe una amplia gama de tipos de oración.

Otros creyentes pierden interés en hacer uso de la oración porque han perdido fe en su eficacia y la razón por la que han perdido fe en su eficacia es porque no han visto resultados de sus oraciones. La razón por la que no han visto resultados es porque han estado utilizando un tipo de oración que no corresponde a su área de necesidad.

En otras palabras están haciendo uso de un arma de guerra poderosa pero en el tipo de guerra equivocada. Esto puede traer un efecto no deseado.

Por esta y otras razones en este libro planteo los tipos de oraciones que existen y qué tipo de oración debemos utilizar según la necesidad, área o lugar y según la dimensión del ataque. Abordaremos además temas como por qué pedimos y no recibimos, qué son las estrategias de guerra, cómo utilizar la oración para traer cambio en nuestra vida, familia, matrimonio, nación, ministerio, finanzas etc. y cómo obtener resultados cuando oramos.

Además profundizaremos en temas como los decretos y su efectividad como arma de guerra espiritual y cómo operar en liberación. También incluyo una guía práctica para hacer decretos y también una de liberación que permitirán a los creyentes en general, intercesores, futuros intercesores y lideres de intercesión operar en esas dimensiones del reino de Dios y empoderar a su equipo en esta maravillosa práctica.

El principal enfoque es que cada creyente conozca su identidad como hijo de Dios, el potencial con el cual ha sido empoderado, el lugar que ocupa en el reino y la autoridad que le ha sido delegada por Dios.

Deseo concientizar a los creyentes acerca de que la oración no es un Don. Es una disciplina que todos como seguidores de Jesús y de su reino, tenemos la responsabilidad de practicar.

Deseo además a través de este material equipar al cuerpo de Cristo para que podamos hacer uso adecuado de todas las armas espirituales que tenemos a nuestra disposición y dejemos de estar en espera de alguien que sí conoce de la autoridad con la que ha sido equipado por Dios para que nos ore, profetice y traiga rompimiento a nuestra vida.

Cada creyente puede operar en el poder que le ha sido otorgado y levantarse como parte del gran ejército del señor. No hemos sido llamados por Dios como espectadores sino como parte de la solución a los problemas que diariamente enfrenta nuestra sociedad.

Debemos levantarnos como parte activa de ese ejército que ha sido llamado a establecer el reino de Dios en la tierra.

Es mi objetivo además que cada creyente ubique su área de llamado porque nuestra asignación como creyentes es más amplia que el solo hecho de luchar por nuestra salvación. Es vivir una vida de plenitud. Es corresponder diligentemente al reto de establecer el reino de Dios en la tierra y deshacer toda obra del reino de las tinieblas.

Mi mayor intento se vería realizado si a través de este material lograra activar un ejército de creyentes convencidos de que como hijos de Dios estamos llamados a operar en la misma dimensión espiritual que Jesús operaba.

Mi mayor deseo es que cada creyente se convierta en un guerrero o guerrera del ejército divino con identidad y conciencia de que en sus palabras está el poder de la vida y la muerte y de que en su boca hay un milagro.

PODER Y DOMINIO

"Y Los bendijo Dios y les dijo; fructificad y multiplicaos; llenad la tierra, y sojuzgadla, y enseñoread en los peces del mar, en las aves de los cielos y en todas las bestias que se mueven sobre la tierra." (Génesis 1:28)

Una de las razones que me motivaron a escribir este libro fue observar, durante todo este tiempo de mi caminar con Dios, la cantidad de creyentes que por una u otra razón, desconocen su identidad. Creyentes dedicados a los trabajos del reino, con una intención genuina de seguir a Jesús y sus principios. Creyentes que viven una vida alejados del pecado pero sin identidad.

Cuando digo sin identidad, me refiero a que desconocen quiénes son en el reino de Dios. Cuáles son sus capacidades, limitaciones y cuál es el potencial con el que han sido empoderados por Dios desde antes de nacer. Creyentes que desconocen su propósito en la tierra.

Todos hemos venido a este mundo con un propósito, a cumplir una misión, a llenar un espacio en el reino de Dios. Nuestro nacimiento no fue una casualidad. Dios tiene planes con nosotros:

"Antes de que te formaras en el vientre te conocí, antes de que nacieras te santifiqué" (Jeremías 1:5)

En el libro de Génesis Dios le dio al hombre la autoridad de enseñorearse sobre todo lo creado. La palabra enseñorear se refiere a ejercer dominio, gobernar, conquistar, poner bajo los pies. En otras palabras Dios nos dio autoridad y dominio sobre todo lo que está en la tierra, en el mar, etc.

También el libro de Génesis afirma:

"Y creó al hombre a su imagen y semejanza, a imagen de Dios lo creó, varón y hembra los creó" (Génesis 1:27)

La palabra imagen significa el duplicado exacto en especie. La palabra semejanza tiene que ver con la función. O sea, Dios se duplicó así mismo a través de nosotros. Somos su réplica exacta. Ese hecho significa que hemos sido empoderados por Él para operar bajo la misma autoridad que Él opera.

Dicha autoridad implica dominio sobre todo lo que existe, incluyendo la pobreza, enfermedad, escasez, poder sobre los espíritus malignos etc. Dicha autoridad nos fue robada por el diablo en el jardín del Edén, a través de la desobediencia o pecado de Adán y Eva. Pero a través de la muerte de nuestro señor Jesucristo en la cruz retomamos o se nos fue entregado aquel dominio perdido.

Lo que sucede es que a pesar de haber recuperado ese dominio perdido, a través de Jesús, muchas veces desconocemos esa autoridad con la que hemos sido empoderados. Esto es debido a varias razones, destacándose entre ellas la falta de conocimiento y el hecho de que a veces somos *salvos* pero no *libres*.

Cuando digo por falta de conocimiento me refiero a que como creyentes muchas veces desconocemos los beneficios de la cruz en su totalidad. Es muy común que en nuestro centro de fe o iglesias se nos enseñe sobre la salvación y remisión de pecados como los beneficios obtenido por Jesús en la cruz. De hecho estos son dos beneficios poderoso de los cuales somos partícipes como cristianos.

Pero estos no son todos los beneficios. La muerte de Jesús también nos devolvió la identidad perdida en el Edén. Nos reconcilió nuevamente con el padre, devolviéndonos ese dominio perdido.

El otro motivo que mencioné por el cual el pueblo de Dios vive sin identidad es porque somos *salvos* pero no *libres*. La razón por la que digo que no somos libres es porque muchas veces tenemos años siendo cristianos nacidos de nuevo, pero seguimos consintiendo a los mismos gigantes de nuestra vida pasada. Seguimos alimentando los mismos miedos e inseguridades y acariciando los pensamientos que son contrarios a lo que Dios ha dicho de nosotros.

En otras palabras, hay muchos creyentes que conocen lo que Dios ha dicho que somos a través de su palabra, pero hay situaciones del pasado operando en su vida que le impiden aceptar o recibir esa verdad. Una de esas situaciones por ejemplo podría ser el **sentimiento de culpa**. Esto ocurre cuando ciertas situaciones que ocurrieron en el pasado nos hacen sentir a nosotros como creyentes que no somos merecedores de tal gracia o de tal distinción de parte de Dios.

Si le añadimos a ese sentimiento de culpa la voz del enemigo, recordándonos una y otra vez de dónde venimos, y provocando con esto el que cada vez que somos instruidos por alguien acerca de la autoridad con la que hemos sido envestidos, nos lleguen pensamientos como:

"Cometí pecados tan graves en mi vida pasada, que no creo ser digno de ese beneficio de la cruz".

"Después de haber pecado tanto, creo que sería mucho aspirar a operar en esos niveles de autoridad."

"Creo que solo debería conformarme con el perdón de mis pecados".

Otra situación del pasado que nos impide aceptar nuestra identidad en Dios es no haber tenido un padre biológico responsable o amoroso. Las personas que han sido maltratadas física, sexual o emocionalmente por su padre biológico sienten rechazo hacia toda persona del sexo masculino. Sobre todo por aquellos que intentan ejercer ese rol de cuidador, guiador de un padre natural. Esto incluye a Dios.

Se les hace difícil ver a Dios como un padre amoroso, que desea lo mejor para sus hijos cuando la experiencia que han tenido de un padre es completamente opuesta.

Si por algunas de las razones que acabo de mencionar ese hijo creyente siente odio hacia ese padre y no lo ha logrado perdonar, se le complicará aun más aceptar la paternidad de Dios y los beneficios que esta ofrece. Parte de esos beneficios es el dominio y poder que nos ha sido entregado. Por eso la importancia de la liberación, para permitirnos operar libremente, sin ataduras en nuestro llamado.

FIELES TESTIGOS

".....y me seréis testigo en Jerusalén, en toda Judea, en Samaria y hasta lo último de la tierra" (Hechos 1:8)

A veces pensamos que Dios no está interesado en que operemos en el poder del cual somos partícipes como herederos del nuevo pacto. A menudo vemos personas hacer oraciones en donde le suplican a Dios que les de por lo menos un poquito de ese poder que Él promete a través su palabra.

Cabe aclarar que la oración de súplica, ayuno, etc., son armas de guerra poderosísimas, de las cuales hablaré más adelante. El problema radica cuando las utilizamos para comprar la misericordia de Dios. Para ver si Él se apiada de nosotros y nos da aunque sea un poquito de su poder.

En realidad ya ese poder opera en nosotros, como parte de los beneficios que envuelve el hecho de haber recibido a Jesús.

¡Y nosotros lo desconocemos! Como también desconocemos el hecho de que Dios está más interesado en darnos y en que operemos en ese poder, que lo que nosotros podríamos estar en recibirlo.

"Vosotros sois mis testigos dice Jehová, y mi siervo que yo escogí, para que me conozcáis y creáis y entendáis, que yo mismo soy, y antes de mí, no fue formado Dios, ni lo será después de mi" (Isaías 43:10)

La razón por la que les digo que Dios está más interesado en darnos su poder, que lo que nosotros pudiéramos estar en recibirlo, es porque el ¡Reino necesita Testigos!

Supongamos que usted se encuentre envuelto en un caso legal, donde lo están acusando de algo que usted no cometió. Usted conoce a varios testigos que pueden testificar a su favor. ¿Quién piensa usted que estaría más interesado en que esos testigos declaren su versión de los hechos? ¿Usted, como la persona que está siendo acusada falsamente o los testigos que simplemente están dispuestos a brindarle a la audiencia sus testimonios, con el fin de beneficiarlo a usted como acusado?

Creo que su respuesta sería la misma que la mía: La persona más interesada en que esos testigos declaren su versión, con la finalidad de que el caso se esclarezca, será la persona acusada.

En el reino de Dios pasa lo mismo. El reino de Dios anda buscando testigos que testifiquen la grandeza de Dios. Cuando hacemos uso del poder que está en nosotros y operamos en milagros como sanaciones, liberación, profecías resurrecciones, rompimientos, etc., atraemos testigos para el reino.

Esa es una de las razones primordiales por la que después de más de dos mil años de la partida de Jesús al cielo, su ministerio continua vigente en tantos corazones. ¿Qué hizo tan distinto e impactante el ministerio de Jesús? ¿Cómo ha logrado tener tantos seguidores aun después de haber pasado tantos años de su muerte? ¿Por qué el libro que habla de Él, la Biblia, sigue siendo el más vendido?

Por los milagros en los cuales el operaba. Eso hacía que su fama se difundiera a través de los testimonios de aquellos que eran testigos del poder que operaba en Él. De igual manera cuando nosotros como su seguidores, somos concientes del poder que tenemos y hacemos uso de el, a través de milagros y prodigios, estamos trayendo el reino de Dios a la tierra y con eso destronando el imperio de todo gobierno que sea contrario a nuestro reino.

El reino de Dios anda buscando corazones dispuestos a ser usados en esta causa divina. No es la voluntad de Dios el que vivamos de espaldas a esta verdad. Todo lo contrario. Dios a través de su hijo vino a darnos identidad, constitúyenos en hijos de Él. Además, a través del Espíritu Santo, vino a darnos poder para hacer milagros mayores a los que Jesús hacía.

Es tiempo de que operemos en la autoridad con la que hemos sido envestidos y dejemos de estar llorando para que el padre nos entregue lo que ya nos ha sido entregado.

Es tiempo de que dejemos de estar esperando que un apóstol o profeta nos ponga la mano para recibir sanación, en vez poner en acción el poder que ya opera en nosotros para sanar.

Es tiempo de dejar de esperar que llegue el domingo para ser impartidos por el Espíritu Santo y permitirle al Espíritu de Dios que viva en nuestra vida.

Finalmente, es tiempo de dejar de lamentarnos por nuestra situación y dejar la espera de una palabra profética que cambie nuestro destino. Ya hemos sido impartidos por el Espíritu Santo de Dios, para traer rompimientos no solo sobre nuestra vida, sino, también sobre nuestra familia y nación.

LIDIANDO CON LAS ETIQUETAS PASADAS

Otras de las razones que nos impiden aceptar nuestro dominio y que considero es parte del hecho de ser *salvos* pero no *libres*, son las etiquetas que nos han sido puestas en el pasado.

Mucho de nosotros venimos de familias de finanzas limitadas y con apellidos que no gozan de ninguna distinción humana. De familias que en su mayoría no han logrado tener ningún grado académico o que no gozan de muy buena reputación en la sociedad. También somos etiquetados por el color de la piel o por la nacionalidad. Eso provoca que muchas veces la sociedad nos encierre dentro de un grupo equis.

Muchos venimos cargando con etiquetas desde niños escuchando palabras como:

"Tu familia nunca ha logrado nada."

"Tú no tienes ningún apellido relevante, por lo tanto no eres nadie."

"No creo que lo logres. Tú eres negro (a) y vivimos en un mundo racista."

9

"Nadie en tu familia lo ha logrado, dudo que lo logres."

"Eres latino (a) no creo que puedas tener éxito en eso."

"Eres huérfano, no tienes quién vele por ti ni te defienda, no creo que lo lograras, etc."

Entonces cuando venimos a los pies del señor y lo recibimos como Salvador aceptamos su perdón pero seguimos cargando con esas situaciones del pasado que nos marcaron. Esas marcas se convierten en una cárcel mental que nos limita. Nos sentimos mentalmente codificados a vernos a nosotros mismos de la misma manera que la sociedad nos ve.

Aún después de haber venido a Jesús y de saber que hemos sido creados para reinar sobre todo lo creado empezamos a racionalizar lo que Dios ha dicho que somos versus la imagen que tenemos de nosotros mismos basadas en esas etiquetas que venimos cargando del pasado. Muchas veces dejamos que esas etiquetas determinen nuestra identidad y colocamos de forma inconciente lo que Dios ha dicho de nosotros en un segundo plano.

Las buenas noticias en todo esto son que contamos con un Dios que nos comprende. Jesús también tuvo que lidiar con etiquetas sociales de raza, origen, estatus social, etc. El también era de origen humilde y venía de un pueblo muy pequeño, insignificante para muchos (ver Mateos 2:6). Era hijo de un carpintero, un oficio poco relevante en aquel entonces.

Jesús pudo haber elegido venir al mundo bajo otras circunstancias pero prefirió venir bajo esa identidad para darnos ejemplo. Si él pudo lidiar con la discriminación que su estatus envolvía sin perder su identidad y propósito nosotros también podemos.

"Si alguno está en Cristo nueva criatura es. Las cosas viejas pasaron y he aquí todas son hechas nuevas". (2 Corintios 5:17)

El problema radica en que aunque muchas veces desconocemos del poder que opera en nosotros hay alguien que si lo sabe y muy bien: el diablo. El sabe de la autoridad que nos ha sido entregada por eso se ocupa de mantener fresca en nuestra memoria todas las falsas identidades y etiquetas que se nos dieron en el pasado. El sabe que si logramos creer las mentiras que él nos ministra, entonces él ejercerá dominio sobre nosotros.

El sabe que la única forma de nosotros ser gobernados por Dios es cuando renunciamos a toda falsedad ministrada por él y tomamos la decisión de aceptar, creer y declarar lo que Dios ha dicho acerca de nosotros. Se me hace pertinente mencionar que el enemigo no anda detrás de nosotros, él anda detrás del dominio que nos ha sido entregado.

Cuando en el reino de las tinieblas nos ve a nosotros, ellos ven al que los venció y nos entregó autoridad sobre todo lo creado incluyéndolo a él.

POR QUÉ EL ENEMIGO ATACA NUESTRA PROSPERIDAD

El enemigo está detrás de nuestra identidad, de lo que él sabe somos en el reino. Por eso nos ataca con dudas. La duda nos hace cuestionar nuestra identidad, nos hace dudar del dominio que poseemos. Nos hace dudar del amor de Dios hacia nosotros. Nos causa desánimo y falta de fe. El enemigo sabe que cuando la duda nos hace cuestionar nuestra identidad no podemos ejercer autoridad sobre él porque nuestra fe se debilita.

El enemigo también nos ataca con pobreza y escasez porque él sabe que es imposible la expansión del reino sin finanzas. La falta de finanzas nos detiene nos impide establecer el reino en otros territorios, nos limita. Las necesidades del reino no pueden ser cubiertas. Tampoco las necesidades personales y de nuestra familia.

El sabe que cuando nuestras necesidades básicas humanas no están cubiertas nos preocupamos. La preocupación le da paso a la ansiedad y a una mente ansiosa o preocupada se le dificulta orar y mucho más adorar. Cuando la oración y la adoración menguan en nuestra vida nuestra relación con Dios se distancia, se debilita.

Si algo desea el reino de las tinieblas es romper nuestra relación con Dios para que no podamos ejercer el dominio para el cual fuimos creados, para que nos debilitemos espiritualmente. La razón por la que él desea que nuestra fe se debilite es para que no podamos deshacer sus obras. El sabe que el plan de Dios en la tierra requiere de intervención humana para ser realizado y sabe que Dios cuenta con nosotros para ese trabajo.

Otra de las razones poderosas por la que el enemigo ataca nuestra identidad para que no ejerzamos el dominio que nos ha sido entregado es para detener el avance del reino. El sabe que cada vez que el trabajo del reino avanza se acerca más a su final y el tratará de impedir eso a cualquier costo.

"Y será predicado este evangelio en todo el mundo, y después vendrá el fin" (Mateos 24:14)

EL POR QUÉ DE LAS TENTACIONES DEL ENEMIGO

El enemigo anda detrás de nuestra identidad y nuestro domino. Por eso es que cuando estamos atravesando algún momento difícil los primeros pensamientos que nos llegan son:

"¿Por qué si Dios me ama permite que yo pase por esto?"

"¿Por qué si El es todopoderoso no me concede lo que le estoy pidiendo?"

"Estoy cansado(a) de orar y nada sucede."

"Si realmente tengo poder y dominio ¿por qué no puedo cambiar mis circunstancias?"

Esos son pensamientos comunes que nos ministra el reino de las tinieblas con la finalidad de atacar nuestra identidad y que dudemos con esto de nuestro dominio. También para que cuestionemos el amor de Dios hacia nosotros para que dejemos de creer en lo que Dios ha dicho y nos abracemos de las mentiras ministradas por el y así evitar que alcancemos nuestro destino.

Dios, como todo padre amoroso desea que nosotros alcancemos nuestro destino de gozo, paz, liberación, prosperidad, rompimiento y que entremos en una relación con El plena y profunda.

Pero el reino de las tinieblas está bien conciente de que si logramos alcanzar ese lugar de plenitud que Dios tiene reservado para nosotros le sería mucho más difícil ganarnos la pelea. Por eso su intención es distraernos de nuestro destino a través de las tentaciones.

Por eso él siempre nos tentará con cosas que humanamente nos atraen. Al dejarnos persuadir por ellas caemos en desobediencia a Dios. La desobediencia le abre la puerta al reino de las tinieblas para operar en nuestra vida y le da derecho Satanás para ejercer dominio sobre nosotros y alejarnos de nuestro destino.

Mientras más tiempo él logre tenernos detenidos, presos de sus tentaciones más tardaremos en retomar nuestra posición en el reino y en alcanzar nuestro destino y más lo alejamos a él de su final. Eso e impedir el avance del reino son sus principales objetivos.

Por eso la importancia de mantenernos en la palabra. De alimentar cada día nuestra relación con Dios a través de la oración y la adoración, apropiándonos de la autoridad que nos ha sido otorgada y declarando lo que Dios ha dicho de nosotros; confiando en El por encima de toda circunstancias y estableciendo el reino de Dios en la tierra para que las almas sean salvas y con eso empujar al Diablo a su final.

CONOCIENDO NUESTRA IDENTIDAD

Una de las características que distinguen a un ser humano que goza de cordura o salud mental es el reconocimiento de su identidad o *conciencia del yo*

O sea conciencia de quién es, cuál es el lugar que ocupa dentro del entorno que le rodea y cuáles son sus límites y/o capacidades de alcance. Es a esto a lo que llamamos un *sujeto situado*, un individuo que está ubicado en persona, tiempo y espacio.

Decimos que un individuo está ubicado en persona cuando en él existe una conciencia del yo, de quién es.

Decimos que está ubicado en tiempo cuando el individuo se encuentra en sus facultades para identificar el tiempo, estaciones o temporadas.

Cuando decimos que está ubicado en espacio el individuo es capaz de identificar en qué lugar se encuentra, cual es su locación.

Cuando una de esas tres áreas que les acabo de mencionar se ve afectada es cuando decimos que nos encontramos frente a un colapso emocional o pérdida severa de salud mental. Esto es el mundo físico.

Pero la realidad es que como creyentes muchas veces vivimos una vida espiritual bajo las mismas circunstancias que les mencioné.

Desubicados en persona, tiempo y espacio. O sea no sabemos quiénes somos en Dios, ni el poder que tenemos como sus hijos.

A menudo también nos encontramos desubicados en tiempo porque carecemos de la capacidad espiritual para identificar las temporadas en las que nos encontramos y cuál es el tiempo *Kairos* de Dios para el cumplimiento de cada uno de sus propósitos en nuestra vida.

Nos desubicamos en espacio cuando desconocemos cuál es nuestra posición en el reino de Dios y en qué lugar de su propósito nos encontramos.

Esta es una de las razones por las que el enemigo a menudo gana ventaja en nosotros y nos etiqueta, dándonos identidades falsas.

Porque a quien no sabe quién es cualquier nombre le sirve. Desconoce su identidad.

Es fácil creerle al diablo y/o a la sociedad lo que dice de nosotros cuando nosotros mismos desconocemos quiénes somos.

Pero de igual manera nos sería mucho más difícil el dejarnos etiquetar por el enemigo cuando ya hemos sido etiquetados por Dios. Cuando hemos recibido esa identidad y gozamos de una plena conciencia de quiénes somos.

REAFIRMANDO NUESTRA IDENTIDAD.

No permitas que las circunstancias determinen tu identidad. Tú no eres lo que las circunstancias dictan. Tú eres lo que Dios ha dicho que eres.

El primer paso que debemos dar a la hora de reconocer, retomar y reafirmar nuestra identidad es saber y aceptar lo que Dios ha dicho de nosotros. No lo que las circunstancias, sociedad y/o Satanás hayan dicho de nosotros.

¿Cómo podemos saber lo que Dios a dicho de nosotros? ¿Cuál es esa nueva identidad que El nos ha dado a los que lo hemos recibido como Señor y Salvador?

¡Toda esa información las encontramos en su palabra! La Biblia dice que somos:

A) nación santa.
B) pueblo adquirido por Dios
C) linaje real
D) real sacerdocio
E) la niña de sus ojos
F) la luz del mundo
G) la sal de la tierra
H) la esposa del cordero
I) el pueblo redimido

Una vez que aceptamos, recibimos y declaramos esa identidad que el padre nos a dado toda otra identidad que hayamos venido cargado del pasado o aquellas que nuestras circunstancias nos quieran dictar quedan invalidadas frente a la identidad que ya hemos asumido.

Unas de las grandes revelaciones que el Espíritu Santo a traído a la iglesia de Dios para este tiempo es el poder del **yo soy**. Todo lo que le añadimos a ese nombre y lo declaramos o profetizamos sobre nuestra vida se establece, se activa. Esto parte de la autoridad que envuelven nuestras palabras.

Cuando utilizamos la palabra **yo soy** estamos enviando decretos directos a nuestra persona. En otras palabras estamos estableciendo a través de declaraciones lo que Dios ha dicho de nosotros, desactivando toda falsa identidad previamente establecida en nosotros y dándole paso a nuestra verdadera identidad que es la que tenemos en Cristo Jesús.

DECLARACIÓN PROFÉTICA **YO SOY**

Declaro que soy hijo de Dios y coheredero con Jesucristo.

Acepto la paternidad del padre celestial a través de su hijo Jesucristo. Declaro que me encuentro sentado con El en lugares celestiales. Soy heredero (a) del reino de Dios. Tengo libre acceso al trono de la gracia y cada una de sus promesas son para mí y las recibo en mi vida.

Acepto que soy amado (a) por mi padre celestial, que he sido justificado (a) por El por medio de mi Fe, que mis pecados han sido perdonados por El y toda mancha de mi pasado ha sido borrada.

Conforme a la palabra de Dios establezco que soy nación santa, linaje real, pueblo escogido por Dios. Acepto que he sido sacado (a) de las tinieblas a la luz admirable de Jesús.

Renuncio a toda etiqueta o nombre que me fue dado en el pasado por el reino de las tinieblas, por la sociedad, familiares, amistades. No lo acepto más en mí. ¡Las rechazo en el nombre de Jesús!

Cancelo toda identidad del pasado activada en mí a través de palabras negativas proferidas por mí en contra de mi persona.

Cancelo toda identidad que haya tomado lugar en mi vida por maldiciones generacionales, por actitudes adoptadas por mí de forma conciente o inconciente, por pensamientos de fracaso, depresiones, frustraciones, malas experiencias del pasado, etc.

Cancelo toda identidad activada en mi vida a través de traumas sufridos en la niñez o edad adulta por abuso físico o emocional causado por alguna persona de autoridad en mi vida.

Anulo toda identidad activada en mí por baja autoestima, por inseguridades, por rechazo de género, raza, color, estatus social, nacionalidad, por miedos, etc. Renuncio a ellas, las anulo y las declaro inoperantes en mí en el nombre de Jesús.

Acepto la nueva identidad que me ha sido dada a través de Jesucristo y su muerte en la cruz. Acepto que he sido redimido (a) por la sangre de Jesús, que su favor esta sobre mí, que soy una nueva criatura en él, que fui creado (a) para gobernar, ungido (a) para conquistar y poseer y que todo lo puedo en Cristo quien me fortalece.

Acepto y declaro que soy la sal de la tierra, la luz del mundo, la esposa del cordero, la niña de los ojos de Dios. Soy el templo del

Espíritu Santo, soy una generación escogida, justificado (a) por Cristo. Soy un (a) guerrero (a) del ejército divino, soy el pueblo de Dios, soy una oveja de su rebaño, soy discípulo (a) de Jesús y coheredero (a) con Cristo.

Acepto que tengo la mente de Cristo, que su sabiduría está en mí, que soy bendición y por lo tanto todo lo que emprendo prospera.

Declaro que estoy lleno (a) de Fe, que los dones del Espíritu habitan en mí, que he sido justificado (a) por medio de mi fe, declarado (a) santo (a) por medio de su perdón y purificado (a) por medio de su sangre.

Establezco que cada día soy fortalecido (a) por el Espíritu Santo. Por tanto soy lo suficientemente fuerte para enfrentar toda situación difícil que se presente en mi caminar por esta tierra. El fracaso no tiene lugar en mi vida porque he sido diseñado (a) por Dios para triunfar y soy más que vencedor (a) por medio de Jesús.

Confieso que estoy muerto (a) al pecado, que mi carne esta crucificada con Jesús, que he sido bautizado (a) y ungido (a) por su Espíritu Santo.

No Acepto el temor en mi vida. Declaro y acepto que Dios está a mi favor y no en mi contra y que sus ángeles están siempre cerca de mí, guardándome en todos mis caminos por tanto mi corazón está confiado en El.

Acepto que fui diseñado (a) a la imagen y semejanza de Dios, que soy su réplica exacta, que su aliento esta dentro de mí y que poseo el ADN Divino para operar en la misma dimensión que mi creador opera.

Establezco que camino por fe y no por vista, que he sido ungido (a) para prosperar, que mi vida se encuentra cimentada dentro del propósito divino por lo tanto todo cuanto me sucede obra para bien en mi vida.

Acepto y declaro que el poder de Dios Creador esta dentro de mí para crear todas las cosas nuevas. Acepto la vida que El depositó en mí para resucitar todo lo que esté muerto en mi entorno: sueños, proyectos, familias, ministerios, negocios, etc.

Recibo y acepto el señorío que me fue otorgado por Dios en el Jardín del Edén para bien administrar todo lo creado y ser productivo (a) en todo lo que emprenda.

Acepto como guía absoluto de mi vida al Espíritu Santo de Dios y le concedo el derecho legal para que reafirme y ministre a mi vida cada día esta nueva identidad que he recibido en Cristo Jesús.

Anulo y rechazo toda voz que intente ministrar a mi vida otra identidad que sea contraria a la establecida por Dios a través de su Espíritu Santo en mí.

En el nombre de Jesús.

¡Amén!

CIUDADANOS DE UN NUEVO REINO

El poder con el que hemos sido empoderados

"Mas nuestra ciudadanía esta en los cielos..."
(Filipenses 3:20)

Según las estadísticas los seres humanos con mayor habilidad mental no han explotado ni siquiera el diez por ciento de su capacidad intelectual. Creo particularmente que esas estadísticas están bien relacionadas a nuestro potencial espiritual y que los cristianos no hemos desarrollado ni siquiera el diez por ciento de nuestra capacidad espiritual.

Pienso además que esa situación es debida en parte al desconocimiento de nuestras capacidades espirituales y en parte a las concepciones herradas que tenemos en relación a la conversión.

En nuestras iglesias o comunidades de Fe cuando le hablamos a algún inconverso sobre la necesidad de recibir a Jesús en su corazón con frecuencia le hablamos solo de la salvación del alma y de lo beneficioso que es el poder tener a alguien a quien contarle sus problemas, a quien entregar su dolor, quien nunca le va a fallar,

23

quien le escucha en todo momento y le da fuerza en la jornada de la vida, etc.

Una vez que esas personas reciben a Jesús las sometemos a una serie de estudios acerca de la salvación, el perdón de pecados, la oración, el arrepentimiento, etc.

¡Todo esto es extraordinario! Todas estas enseñanzas son parte esenciales de la conversión y es necesario que todo creyente las conozca. Pero como les mencioné, estos son solo parte de los beneficios que obtenemos al convertirnos en cristianos nacidos de nuevo.

Existen otros beneficios que a menudo olvidamos y son que cuando nos convertimos en hijos de Dios pasamos a tener el ADN Divino. Pasamos a ser co partícipes con Jesús de todo lo que esa divinidad encierra.

Llevamos varios años viviendo en Puerto Rico y una de las primeras cosas que noté a mi llegada a esta nación fue cuán matizada se encuentra esta isla de la cultura Americana. El ser Puerto Rico un estado libre asociado de los Estados Unidos le ha dado una identidad nueva a esta nación. Se puede notar que en los centros gubernamentales no está solo la bandera portorriqueña. En todo lugar donde está la bandera portorriqueña está también la bandera americana.

Pude además observar que el sistema de justicia opera bajo las mismas singularidades del sistema de justicia americano. El idioma inglés es enseñado en muchas de las escuelas, las franquicias americanas están por doquier en la isla, etc. Siendo esta una isla caribeña sus habitantes son latinos. Sin embargo su identidad ha cambiado por su condición de ser ciudadanos americanos.

Ese cambio de ciudadanía ha cambiado su manera de hablar, su visión, el valor de su dinero, su mentalidad, su comportamiento y su identidad. En otras palabras, se encuentran viviendo en el mismo lugar, siguen siendo portorriqueños pero su identidad es la de esa nueva nación de la cual ellos son ciudadanos.

Lo mismo sucede cuando venimos a Jesús y nos convertimos en cristianos nacidos de nuevo. Continuamos dentro del mismo cuerpo humano, seguimos viviendo en el mundo, pero no somos del mundo. Nuestra identidad cambia, obtenemos una nueva identidad y ese cambio implica un cambio de vocabulario. No hablamos igual que antes, hablamos distinto. Nuestro lenguaje pasa de ser un lenguaje terrenal a ser un lenguaje de fe. Empezamos a hablar como se habla en el reino al cual pertenecemos.

En el mundo de donde venimos se habla escasez pero en el mundo al cual pertenecemos esa palabra no existe. En el mundo de dónde venimos se habla de imposibilidad pero en el mundo al cual pertenecemos ahora, esa palabra no existe.

"Yo soy Jehová Dios de toda carne ¿habrá algo imposible para mí?"(Jeremías 32:27)

El problema que enfrentan muchos creyentes cuando se hacen ciudadanos del reino de Dios es que siguen manteniendo el lenguaje del mundo al cual pertenecían y esto le impide disfrutar plenamente de todos los beneficios que el reino de Dios ofrece.

Otra característica que implica esta nueva ciudadanía es el cambio de visión o de mentalidad. El pertenecer a un nuevo gobierno, distinto al que estamos acostumbrados, requiere un cambio de visión y mentalidad. No vemos las cosas desde la misma perspectiva de nuestra condición anterior sino mediante una perspectiva nueva que corresponda al nuevo gobierno al cual pertenecemos.

CAMBIANDO NUESTRA PERSPECTIVA

Ciudadano de un nuevo reino

Ese cambio de visión, mentalidad y perspectiva son cambios básicos que deben producirse en el creyente cuando se produce la conversión. Ya no pensamos ni vemos las dificultades que nos presenta la vida bajo la misma perspectiva. Hay un cambio de visión.

Por ejemplo en el mundo de donde venimos primero vemos las cosas y luego decimos que existen. En este reino al cual pertenecemos primero llamamos las cosas a la existencia y luego se producen. En otras palabras declaramos lo que no es como si fuese.

...."*Delante de Dios, a quien creyó, el cual da vida a los muertos, y llama las cosas que no son, como si fuesen*" (Romanos 4:17)

En el libro de Isaías la Biblia nos narra la historia de una viuda que solo tenía un hijo. La palabra dice que el hijo de esa viuda un día enfermó y murió. Al ella ver a su hijo muerto salió a buscar al profeta para que le explicara por qué si Dios le había concedido un hijo de forma milagrosa su hijo había muerto. Cuando aquella viuda salió en búsqueda del profeta uno de sus criados le preguntó cómo estaba y ella respondió que todo estaba bien.

Humanamente hablando nos parecería inconcebible el que aquella viuda a pesar de estar sumida en el dolor profundo que le producía la pérdida de su único hijo pudiera hacer tal declaración. En el mundo al cual pertenecía esa viuda antes de su conversión ella estaba viviendo una tragedia pero en el gobierno del cual ella era ciudadana, el gobierno divino, nada estaba pasando todo estaba bien. En ese gobierno la palabra muerte no existe. Solo existe la vida.

"Yo soy la resurrección y la vida el que cree en mí aunque este muerto vivirá" (Juan 11:25)

"Aunque ande en valle de sombra de muerte, no temeré mal alguno, porque tú estarás conmigo" (salmo 23:4)

Como habrán podido notar las circunstancias de aquella viuda seguían siendo las mismas. Su único hijo se había muerto, lo cual significaba un grave problema en aquella sociedad. Una mujer viuda y sin hijos no valía nada como persona.

Sin embargo lo que sí había cambiado en aquella mujer era su visión, su perspectiva. Sus circunstancias humanas estaban ahí pero ella sabía que no podía dejar que sus circunstancias controlaran su visión. Si no que su visión y perspectiva debían ser determinadas por su identidad como ciudadana del reino de Dios.

Otro beneficio que nos ofrece esta nueva ciudadanía celestial es: **derecho.** He podido observar en los portorriqueños la libertad que les da el hecho de ser ciudadanos americanos de viajar a otros países sin la necesidad de una visa o permiso especial.

Lo mismos sucede con nosotros cuando nos hacemos ciudadanos del reino de Dios. Este estatus de ciudadanos nos da ciertos derechos, derechos que en la mayoría de los casos conocemos de forma parcial. Muchos conocemos el derecho a la salvación que nos da nuestra ciudadanía celestial pero pocos conocen que el hecho de tener como pasaporte el ADN Divino nos da acceso a operar en las dimensiones sobrenaturales que se operan en el reino de Dios.

En nuestro reino no existen las palabras *imposible, limitación,* tampoco existe *enfermedad* o *problema.* No existe *muerte* porque El es el padre de la vida. No existe el *temor,* ni *situaciones difíciles.* Estas son situaciones que operan en el gobierno humano, como consecuencia del pecado y nosotros como ciudadanos del reino de Dios no estamos llamados a ser partícipe de ellas.

Todo lo contrario. Estamos llamados a deshacer esas obras operadas en el mundo por el reino de las tinieblas y a establecer nuestro nuevo gobierno que les ofrece a las personas una nueva visión o perspectiva.

"Para eso apareció el hijo de Dios, para deshacer las obras del Diablo" (1 Juan 3:8)

Pero para que nosotros los creyentes podamos cumplir con esa misión necesitamos poder.

El **poder** es otro de los grandes beneficios que tenemos a nuestra disposición como ciudadanos de este reino.

PODER

"Y *recibiréis poder, cuando haya venido sobre vosotros el Espíritu Santo....*" (Hechos 1:8)

El hecho de que Dios nos enviara al Espíritu Santo para que estuviera con nosotros no fue con la sola intención de que nos consolara y nos guiara a toda verdad y justicia. Fue también para que nos diera poder. La palabra poder significa autoridad para operar o ejercer dominio. O sea Dios, a través del Espíritu Santo, nos ha dado autoridad para operar en la tierra, bajo la misma autoridad que se opera en el cielo. Jesús dijo:

"*El que en mi cree las obras que yo hago, el las hará también, y aun mayores porque yo voy al padre*" (Juan 14:12)

Se imagina usted eso. ¡Nos ha sido entregado mayor poder que el que operó Jesús cuando estuvo en la tierra para operar en lo sobrenatural! Lo sobrenatural no es solo lo natural acelerado sino también el hecho de operar en una dimensión naturalmente inexplicable.

En otras palabras si Jesús dio vista a los ciegos, sanó a los enfermos, echó fuera demonios y hasta resucitó muertos ¡nosotros también tenemos ese mismo poder y mayor que el que El utilizó para operar en esos mismos milagros!

El problema es que por años el enemigo ha mantenido una venda espiritual en los creyentes haciéndonos creer que tenemos menos poder que el que realmente poseemos o ninguno.

A menudo el enemigo nos recuerda nuestra humanidad y las limitaciones que tenemos al vivir dentro de un cuerpo físico. Por eso el enemigo ataca nuestra Fe. Mientras él logre mantenernos ignorantes de ese poder que nos ha sido entregado por Dios podrá lograr su mayor anhelo: detener el avance del reino. Porque él sabe que en la medida que descubramos esa verdad y empecemos a operar en ella, esa verdad nos hará libres.

ASUMIENDO EL COMPROMISO

Les hablé acerca de la autoridad con la hemos sido empoderados por Dios. También hemos abordado el tema de los diversos beneficios que tenemos como ciudadanos de su reino. Es ahora pertinente mencionar que como creyentes y ciudadanos del reino de Dios no solo estamos llamados a disfrutar de los beneficios que ese reino ofrece y a operar en la autoridad que nos ha sido delegada. Ese reino al cual pertenecemos es regido por una serie de reglas y un código de ética en el cual nosotros, como ciudadanos debemos operar. O sea, hay conductas y comportamientos que definen a los ciudadanos de ese reino.

Cuando conocemos a alguien la primera pregunta que le hacemos es ¿cuál es tu nombre? Una vez que conocemos el nombre de esa persona y entramos en conversación la próxima pregunta que hacemos es ¿de dónde eres? o ¿cuál es tu nacionalidad? Esta pregunta generalmente la hacemos porque entendemos que si conocemos la nacionalidad de esa persona podremos tener una idea más amplia acerca de cómo piensa esa persona.

El hecho de conocer su nacionalidad nos da acceso a su cultura. La cultura de una nación a su vez, envuelve una serie de comportamientos, ideologías, conductas, actitudes, vocabularios, etc., que impactan la personalidad de las personas e influencian su comportamiento.

Lo mismo ocurre con nosotros los ciudadanos del reino de Dios. Hay una serie de rasgos distintivos de nuestra cultura cristiana que una vez que recibimos a Jesús deben impactar en nuestra identidad. Dicha conversión implica un cambio de actitud, de pensamientos, comportamientos, vocabulario, etc.

Creo sin lugar a dudas que esa transición del viejo hombre a ser una nueva criatura en Cristo, ese cambio de una cultura terrenal a una espiritual es una de las situaciones que más esfuerzo requiere una vez que iniciamos nuestra nueva vida en Cristo.

Dónde deseo llegar es a que muchas veces como cristianos queremos disfrutar de todos los beneficios del reino sin asumir una postura que corresponda a la cultura de ese reino. El decidir si asumir o no una postura que corresponda a las leyes y reglas que rigen nuestro reino no es una opción que como creyentes podemos tomar o dejar. Es un compromiso que debemos a sumir si en realidad queremos ser ciudadanos de ese reino y disfrutar a plenitud de sus beneficios.

El hecho de ser ciudadanos de un país o una nación y no seguir el código de reglas o leyes que rigen esa nación se constituye en una infracción o desobediencia. Lo mismos ocurre en nuestro reino. El hecho de no seguir las leyes dadas por Dios a través de su palabra y que son las que rigen nuestro reino se constituye en un acto de desobediencia o pecado que posteriormente traerá consecuencias sobre la persona en falta.

Esta es una de las razones por las que muchos creyentes oran y oran y no ven el resultado de sus oraciones. Desean hacer uso de las armas y los beneficios del reino sin asumir el nivel de compromiso que el ser ciudadanos del reino encierra.

No podemos ejercer autoridad sobre el reino de las tinieblas ni hacer uso adecuado de las armas espirituales que están a disposición del creyente si primeramente no andamos en obediencia y si la cultura del reino de Dios no se ha establecido en nosotros. El ejercer autoridad requiere de un grado de compromiso, entrega, obediencia y disciplina.

No importa cuánto oremos por maldiciones que estén operando sobre nuestra vida, familia o nación. Si estamos en desobediencia, estamos operando bajo ciclos de maldición.

Bendición es la consecuencia natural de obediencia, maldición es la consecuencia natural de desobediencia.

Por eso la necesidad de que como creyentes, intercesores y/o futuros intercesores aprendamos que nuestro objetivo no es solo operar en el poder y la autoridad que existe en nuestro reino. Nuestro mayor objetivo debiera ser parecernos cada día más al varón perfecto que es Jesús.

EL PERFIL DEL MAESTRO

Pareciéndonos al varón perfecto

Hubo grandes particularidades que marcaron la persona y el ministerio de Jesús. Es pertinente que nosotros como sus seguidores las conozcamos ya que si queremos operar en la misma autoridad que El operaba debemos tratar de emularlo y reflejar todo lo que El fue.

Los milagros de Jesús fueron esenciales en el afianzamiento de su ministerio. Pero el ministerio de Jesús no fue solo milagros y poder sino un conjunto de conductas, nueva visión y pensamientos que conformaron el paquete de *las buenas nuevas de salvación*.

¿Qué encerraba la persona de Jesús? ¿Por qué tanta gente lo seguía? ¿Qué tenía de peculiar su mensaje? ¿Por qué el que lo conocía nunca lo olvidaba? ¿En qué consistía ese poder de atracción de Jesús?

Son varias las características que hacían de Jesús un personaje único e interesante. Una de las que más marcó su ministerio fue la **accesibilidad**.

"No era difícil acercarse a Jesús, porque casi siempre sus mensajes eran al aire libre, para él cualquier lugar era bueno para sentarse y compartir

el mensaje, a la orilla del lago de Galilea, en una barca, en la sinagoga, su misión era que todos tuvieran acceso a su mensaje." [1]

Otra característica bien marcada de la persona de Jesús era su **ternura**.

"Las personas que le seguían percibían la ternura con la que el acogía a los desvalidos, veían como el se conmovía frente a la desgracia y al sufrimiento de los enfermos, ellos eran testigo de cómo Jesús, tocaba a los leprosos, a quienes nadie se le acercaba.

Su pasión por defender la dignidad de las personas, poniendo a un lado las diferencias de clase social, la autoridad patriarcal, etc." [2]

Daba protagonismo solo al amor de Dios.

El **amor** de Dios era sin duda alguna el componente central del mensaje de Jesús. Debe ser la señal de que nosotros como sus seguidores lo recibimos en nuestro corazón. La gente que seguía a Jesús podía observar cómo el confiaba en un Dios bueno, padre de todos.

Las personas que lo seguían también podían observar lo interesado que El estaba en el bienestar genuino de las personas. No solo hacía milagros para demostrar que El era el hijo de Dios sino que era movido a misericordia. Lo movía su amor por la gente no la intención de impresionar.

---

[1] José Antonio Pagola, *Jesús aproximación histórica*. (Buenos Aires: Claretiana, 2010), 283.

[2] José Antonio Pagola, *Jesús aproximación histórica*. (Buenos Aires: Claretiana, 2010), 301).

Antes de empezar a operar en la autoridad que el padre a puesto a nuestra disposición como creyentes, sería importante que primero nos preguntáramos por nuestros motivos. ¿Qué nos mueve a querer hacer uso de esa autoridad?

Si lo que nos mueve es el amor por los necesitados y experimentamos la misma compasión que nuestro maestro frente al dolor, la necesidad, enfermedad y tragedias humanas, entonces estamos en la línea correcta para hacer uso adecuado de esa autoridad.

De lo contrario estaríamos emulando a Jesús a medias. Nuestro ministerio no sería efectivo porque habrían muchas obras pero la esencia del evangelio de gracia, que fue lo que cimentó el ministerio de Jesús no que estaría allí.

relaciones logica entre dos cosas

Otra característica sobresaliente en la persona de Jesús fue su **coherencia** hasta el final. Esta es una característica indispensable en un buen líder. De nada nos serviría el que los enfermos sean sanados y los oprimidos libres si la parte central de nuestro mensaje no está siendo trasmitida.

Muchas veces como seguidores de Jesús somos excelentes imitando la mitad del ministerio de Jesús: los milagros y prodigios. Pero nos olvidamos de la otra mitad: el amor al prójimo, su ternura, compasión, su espíritu conciliador y su misión de crear un mundo justo para todos. Con esto logramos que nuestro mensaje sea incoherente.

Es imperativo como creyentes el que exista una coherencia marcada entre lo que decimos y lo que hacemos, entre lo que predicamos y nuestras obras. Si nuestro mensaje es distinto a nuestra conducta, entonces estamos en la línea equivocada.

Otra característica de la persona de Jesús fue la **verticalidad de su mensaje**. El mundo en donde Jesús ejerció su ministerio estaba regido por el imperio romano. El César era la máxima autoridad de ese imperio y el hecho de que Jesús se proclamara como el hijo de Dios confrontaba a las autoridades políticas de su tiempo porque solo el César podía ser llamado hijo de Dios.

También el hecho de que el mensaje de Jesús envolvieran los términos de paz y seguridad era considerado como otro desafío a las autoridades políticas de época ya que ese era el lema del imperio romano.

El hecho de que Jesús llamara a su mensaje las buenas noticias, era otro argumento conflictivo para aquella sociedad ya que las buenas noticias solo estaban asociadas a los logros del César. Pero esto no detuvo a Jesús. El sabía que su misión de establecer el reino de Dios en la tierra significaba el entrar en conflictos con ciertos modos y creencias que eran predominantes en aquella sociedad. Sin embargo eso no provocó que El cambiara la esencia de su mensaje.

Con esto nos dejó un gran ejemplo a nosotros sus seguidores. A veces las verdades de nuestro reino van a confrontar ciertas creencias del mundo en la cual vivimos. Como seguidores de Jesús tenemos el compromiso de ser verticales, íntegros, verdaderos, confiables. No podemos tratar de adaptar el mensaje con la intención de ser aceptados por todos. Debemos dar a conocer al mundo estas buenas nuevas de salvación para que todos lleguen al conocimiento de Dios.

Otra característica de la persona de Jesús era que siempre se **apartaba a orar**. Aun en medio de su intensa actividad como profeta itinerante Jesús siempre sacaba tiempo para hablar con el padre a solas y en silencio.

"Jesús a pesar de ser judío, no se conformaba por los tiempos prescrito por todo judío para orar, sino que siempre buscaba ese momento íntimo y silencioso con el padre."[3]

Tenemos varios ejemplos de esos momentos de oración de Jesús. Uno de ellos fue cuando Jesús se retiro al Getsemaní a orar por cuarenta días, lo cual es un gran ejemplo para nosotros sus seguidores. A veces queremos servir en el reino en el área de nuestro llamado pero no sacamos tiempo a solas con Dios.

Es imperativo si deseamos tener éxito en nuestro intento de traer el reino de Dios a la tierra que pasemos tiempo con El. Dios no es un Dios aislado e indiferente a sus criaturas. El está buscando constantemente cómo intimar con sus criaturas a través del Espíritu Santo. Si deseamos impactar las vidas de las personas como Jesús lo hizo tenemos que estar dispuestos a vivir como El vivió y a amar lo que El ama y a rechazar lo que El rechaza.

---

[3]   José Antonio Pagola, *Jesús aproximación histórica.* (Buenos Aires: Claretiana, 2010), 327-328.

POR QUÉ PEDIMOS Y NO RECIBIMOS

"Pedís y no recibís, porque pedís mal…"
  (Santiago 4:3)

Realmente siento un gran alivio espiritual al poder canalizar por esta vía lo que el Espíritu Santo de Dios ha hablado a mi espíritu acerca de *pedir mal*.

Por muchos años se nos enseñó (y actualmente se nos continua enseñando) que cuando la biblia dice *"piden y no reciben, porque piden mal, para gastar en vuestros deleites"* (Sanriago 4:3). El solo se estaba refiriendo a cosas materiales. Esa enseñanza a su vez provocó que por muchos años la iglesia se mantuviera temerosa de acudir a Dios a pedir por cosas que fueran más allá de lo necesario para subsistir o para suplir sus necesidades básicas.

La iglesia asumió una cultura de oración limitada distorsionando con esto la imagen de Dios como proveedor de todas las cosas a un Dios limitado, solo dispuesto a concedernos aquellas cosas básicas o indispensables para nuestro sustento diario.

Un día mientras meditaba en ese verso el Espíritu Santo trajo revelación a mi espíritu. Me dio a entender que cuando Jesús dijo *"piden y no reciben porque piden mal"* significa que no recibimos lo que pedimos porque no pedimos conforme al plan o propósito de Dios para nuestra vida. El Salmo 139 dice:

"Mi embrión vieron tus ojos, y en mi libro estaban escritas todas aquellas cosas sin faltar una de ellas". (Salmos 139: 16)

Antes de ser concebidos en el vientre de nuestra madre ya Dios nos había visto. Ya en su libro estaba escrito todo lo que seríamos durante nuestra vida. Dios planificó nuestro destino:

"Antes de que te formaras en el vientre te conocí, antes de que nacieras te santifiqué y te dí por profeta a las naciones" (Jeremías 1:15)

¡Antes de que naciéramos Dios vio nuestro final!

Cuando Jesús dice *"piden mal"* se refiere a que pedimos cosas que son contrarias a sus planes para nuestras vidas que ya se encuentran en la agenda divina. Eso sucede por varios motivos y el más relevante es porque desconocemos nuestro propósito.

Desconocemos para qué fuimos creados, cuál es nuestra misión en reino de Dios. Les doy un ejemplo: si dentro de los planes de Dios para nuestra vida está el usarnos para traer a avivamiento a la cuidad donde vivimos y nosotros por desconocer ese plan, empezamos a orar por un trabajo y mientras oramos por ese propósito, descubrimos por el periódico que hay una bacante del tipo exacto de trabajo al que estamos aplicando, con un excelente salario, pero en otro estado o país, distante al territorio que Dios nos quiere entregar. Nosotros como desconocemos ese propósito de Dios decidimos empezar a ayunar y a orar por ese trabajo.

Meses después de perseverar en oración y ayuno nos enteramos de que ese trabajo, por el cual habíamos estado orando le fue entregado a otra persona. Ese hecho causa un impacto en nuestra Fe. Nos debilita espiritualmente. Hace que perdamos confianza en la eficacia de la oración haciéndonos pensar que Dios no nos escucha cuando es todo lo contrario.

Como habrán notado en ese ejemplo nuestra petición era por un trabajo. Esta es una petición genuina y necesaria ya que todos necesitamos algún medio de sustento. Pero estábamos pidiendo algo que era contrario a los planes perfectos de Dios para nosotros. O sea el plan de Dios era entregarnos ese territorio y darnos un ministerio próspero allí, que pudiera también suplir nuestras necesidades físicas de forma abundante. Por eso no nos concedió la petición de ese trabajo.

Estamos pidiendo mal cuando por desconocimiento del plan de Dios para nosotros pedimos por algo que no corresponde al propósito de Dios para nosotros o cuando pedimos por cosas que van a dilatar el cumplimiento de ese propósito.

Supongamos que Dios nos hubiese concedido ese trabajo. Es probable que nos fuera muy bien en él pero retrasaría el cumplimiento del propósito porque nos alejaría del lugar que Dios planificó para bendecirnos.

"Porque yo sé los pensamientos que tengo acerca de vosotros, dice Jehová, pensamientos de paz y no de mal, para daros el final que esperáis." (Jeremías 29:11)

CUANDO ORAMOS FUERA DE TEMPORADA

También pedimos mal cuando pedimos fuera de temporada. A veces oramos y ayunamos por cosas que Dios a determinado que recibamos en un momento específico de nuestra vida.

Por ejemplo Dios había hablado de que el pueblo de Israel sería esclavo por cuatrocientos años en Egipto. Puedo imaginar que durante ese periodo de esclavitud el pueblo de Israel hizo muchas oraciones y ayunos con el objetivo de que Dios los liberara de su opresor.

Sin embargo no fue hasta que se cumplió el tiempo determinado por Dios para traer liberación al pueblo de Israel cuando por fin fueron liberados de los egipcios.

¿Dios había escuchado la oración del pueblo de Israel? Por supuesto que sí. Pero la manifestación de esa respuesta no llegaría hasta el tiempo que Dios había dispuesto o determinado.

De ahí la importancia del mandato de Jesús cuando nos pide que seamos perseverantes en la oración hasta ver la manifestación de nuestra respuesta.

También pedimos fuera de temporada cuando oramos a Dios por cosas que están reservadas por Dios para ser entregadas a nosotros en otra temporada de nuestra vida.

Por ejemplo cuando nos encontramos sometidos en un proceso o desierto divino. Los desiertos son temporadas diseñadas estratégicamente por Dios para prepararnos, equiparnos y limar todas las asperezas que operan en nuestro carácter y que puedan interferir en el cumplimiento de nuestro propósito.

A veces cuando nos encontramos dentro del proceso nos desesperamos y oramos por cosas que Dios tiene reservadas para cuando salgamos de ese periodo. Entonces al no recibir respuesta a nuestra petición nos decepcionamos de la oración y pensamos que Dios no nos escucha.

La realidad es que es tan sublime, especial, inmenso lo que El nos quiere entregar que primero se ocupa de prepararnos, equiparnos, darnos el carácter adecuado que garantice la permanencia y el buen uso de esa bendición.

Una bendición a destiempo o fuera del tiempo adecuado podría convertirse en una maldición.

Muchos de los lectores que son padres desean comprarles a sus hijos cosas como carros, casas, joyas de valor, etc. Sin embargo no lo han hecho porque están esperando el tiempo o la edad adecuados. Que ellos tengan la madurez y el carácter adecuado para valorar, asimilar y mantener ese bien.

Lo mismo pasa con Dios. El siempre nos oye, siempre nos contesta, pero hay respuesta que El la mantiene en espera del tiempo adecuado para que sean manifiestas en nuestra vida.

CUANDO ALTERAMOS EL ORDEN ESTABLECIDO

Otra de las razones que nos llevan a no obtener respuesta cuando oramos o *a pedir mal* es cuando pedimos por cosas que deben ser precedidas por eventos o situaciones que todavía no han sucedido.

Por ejemplo a veces Dios pone en nuestro espíritu realizar algo que va hacer de bendición para el reino. Supongamos que ese algo es la publicación de un libro. Entonces nosotros en vez de dar el paso de fe y empezar a trabajar en lo que Dios nos habló decidimos empezar a orar para que Dios expanda nuestro ministerio, nos entregue las naciones, etc.

Cuando notamos que por más que oramos y ayunamos no vemos la manifestación de nuestra respuesta entonces dejamos de orar y nos desanimamos.

Lo que Dios está esperando es que demos el paso de obediencia y fe, escribamos el libro, lo publiquemos y ese libro es el que nos abrirá las puertas de esas naciones que tanto hemos pedido en oración.

Nuestra respuesta ya fue contestada. Solo falta que demos el paso de obediencia que Dios nos indicó para que veamos la manifestación visible de nuestra petición

Mientras nosotros estamos esperando por Dios El está en espera de nosotros. No es que Dios no ha contestado, es que nosotros no hemos hecho la parte que nos corresponde.

FALTA DE COMPROMISO

Otro error que cometemos cuando oramos es cuando le pedimos a Dios por cosas que están reservadas para niveles en lo cuales no nos encontramos.

Por ejemplo una persona que pasa años orando para que el Señor permita que sea colocado en una posición de liderazgo en la iglesia. O desea que Dios lo use a través de grandes milagros, prodigios, etc. sin haber asumido el debido compromiso.

Esa persona no opera bajo los principios del reino. No se somete a la autoridad, no se involucra con los trabajos de su congregación. Asiste cuando desea, vive una vida espiritual a medias, sin asumir un compromiso real.

Esa persona puede que empiece a perder la fe en la eficacia de la oración cuando no ve su respuesta manifestarse. La realidad es que hay niveles en el mundo espiritual que solo están reservados para personas que hayan pagado un precio de obediencia, integridad, compromiso, etc.

Es contrario al carácter divino el que El deposite el peso de su gloria en personas que no hayan asumido el compromiso de serle fiel a El y a su reino aquí en la tierra.

CUANDO OPERAMOS BAJO CICLOS DE MALDICIÓN

Otra situación que puede bloquear la respuesta de nuestra petición son las maldiciones generacionales o ciclos de maldición.

Podemos pasar mucho tiempo orando para que el señor nos supla financieramente para algo que estamos necesitando. Una vez el señor envíe esa respuesta, si estamos operando bajo ciclos de maldiciones generacionales de pobreza, siempre habrá una fuente de escape de esas finanzas, lo que nos mantendrá sumergidos en la escasez o miseria.

Al ver que por más que oramos nuestra situación no cambia culpamos a Dios de no escuchar nuestras plegarias. La realidad es que necesitamos ser libres de esas maldiciones generacionales para que la bendición fluya.

Otra situación que impide que la respuesta a nuestras peticiones se manifieste son ciclos de maldiciones establecidas sobre nuestra vida a través de nuestras palabras.

Una de las áreas que debemos aprender a manejar si queremos orar efectivamente son nuestras palabras. Por más que oremos, ayunemos, etc., si lo que sale de nuestra boca diariamente es contrario a las promesas de Dios a través de su palabra, o sea hablamos palabras negativas, de derrota, fracaso, dudas, desesperación, maldición, ansiedad, etc., estamos fortaleciendo ciclos de maldición a través de nuestras palabras. Esas palabras a su vez van edificando murallas espirituales que nos separan de recibir los beneficios que provienen del reino de Dios y bloquean nuestra respuesta.

Igualmente cuando hablamos de fe y declaramos las verdades del reino, esas palabras de fe van edificando murallas alrededor nuestro que nos sirven de cobertura o vallado de protección contra los ataques del maligno. *Genesis 1:3 And god said, let there be light. And there was light*

Otro aspecto nocivo que ejercen las maldiciones generacionales sobre la manifestación de nuestra respuesta es que esas maldiciones nos llevan a vivir una vida cristiana bajo reincidencias pecaminosas.

Estamos atados por pecados que han ejercido autoridad sobre nuestra familia de generación en generación y por más que luchemos contra ellos volvemos y caemos en sus garras.

Jeremiah 22:11

Ese hecho de reincidir en algún comportamiento pecaminoso a su vez le abre puertas al reino de las tinieblas de interferir o bloquear nuestras bendiciones. Esto incluye la manifestación de nuestra respuesta a las peticiones que tenemos sometidas frente al trono.

Esa es una de las razones por la que Dios nos pide que vivamos una vida lejos del pecado.

PEDIR POR MOTIVOS INCORRECTOS

Otra situación que puede impedir que recibamos respuesta es cuando nos acercamos al trono por los motivos incorrectos.

Cuando pedimos algo a Dios en oración El evalúa los motivos que nos están llevando a solicitarle ese bien. Recuerden que todo lo que Dios da es para bendición.

Es contrario a su naturaleza el darnos algo que nos pueda dañar o con lo que podamos dañar a otras personas. Por eso El siempre se va a asegurar de que estemos listos para recibir eso que estamos pidiendo, de que sea de bendición para nuestra vida y para otros y de que estemos siendo movidos bajo las motivaciones correctas.

Si nuestras peticiones son hechas desde la intención de nutrir nuestro ego, de presumirles a otros lo que tenemos, de obtener finanzas para humillar a otros, trascender ministerialmente para ganar fama, etc., entonces nos estamos acercando al trono bajo motivos equivocados.

Siempre que nos acerquemos a Dios con alguna petición recomiendo que nos hagamos dos preguntas: ¿Por qué le estamos pidiendo eso a Dios, qué nos motiva? ¿De qué manera eso que estamos pidiendo bendeciría al reino de Dios aquí en la tierra y nuestra vida espiritual?

USAR LAS ARMADURAS INCORRECTAS

Uno de los principales motivos por los que muchas veces no vemos la respuesta de nuestras peticiones es porque no utilizamos el tipo de oración adecuado según nuestra necesidad, petición o según la dimensión del ataque que estamos enfrentando en ese momento, etc.

A veces estamos siendo atacados por las mismas enfermedades, problemas de divorcios, problemas financieros, etc., que han operado en nuestra familia por generaciones. Empezamos a orar diariamente, nos postramos y lloramos en la presencia del Señor. Si bien esta es una manera válida y efectiva de acercarse al trono no es la armadura adecuada para esos tipos de guerras.

Lo adecuado sería utilizar la oración de renuncia. Pedir perdón y renunciar a esos pecados generacionales que le han hecho la guerra a su familia y ordenarles huir de su vida en el nombre de Jesús.

Lo mismo pasa con el resto de las oraciones. Las utilizarnos por desconocimientos muchas veces en situaciones que no corresponden. Muchas veces utilizamos la misma armadura para todos los ataques, sin importar la dimensión o la intensidad del mismo.

CÓMO PEDIR CORRECTAMENTE

"De igual manera que el espíritu nos ayuda en nuestra debilidad, pues, que hemos de pedir como conviene; lo sabemos, pero, el espíritu intercede por nosotros con gemidos indecibles" (Romanos 8:26)

Al inicio les mencioné que unos de los principales motivos por los que no pedimos correctamente, sino el principal, es porque desconocemos nuestro propósito, la razón por la que vinimos a este mundo. Desconocemos los planes del padre para nuestra vida. Solo El conoce nuestro propósito.

De ahí la importancia de la oración, el ayuno y la adoración. Es a través de esas vías que nos acercamos al Padre y los misterios del reino nos son revelados a través del Espíritu Santo.

La Biblia nos enseña en el libro de Corintios que el Espíritu Santo escudriña lo secreto del Padre. Ve, conoce los planes del Padre para nosotros y una de sus asignaciones es dejarnos saber esos secretos a través del *derecho legal* que le concedemos al Espíritu Santo de intervenir en nuestra vida a través de la oración y adoración al Padre. (1 Corintios 2:10).

La palabra también nos dice que *"el espíritu intercede por nosotros conforme a la voluntad del padre"* (Romanos 8:28) y que *"El espíritu también nos enseña a pedir como conviene"* (Romanos 8:26)

Nos enseña a pedir de forma conveniente a la agenda del Padre para nuestra vida. O sea, el Espíritu nos enseña a pedir por cosas que nos acerquen al destino que Dios ha preparado para nosotros y no por cosas que nos alejen de ese destino o propósito.

El pedir bien está <u>intrínsecamente</u> relacionado a pedir cosas que nos acercan al plan de Dios para nuestra vida. La gran pregunta ahora sería ¿cómo podemos conocer ese plan de Dios para nuestra vida, para poder pedir como conviene? *la manera de ser que convienen a una sustancia como tal y no en sus relaciones*

Ese plan solo puede ser revelado por el Espíritu Santo cuando sacamos tiempo con El en oración.

El Espíritu Santo también nos puede revelar el plan de Dios para nosotros a través de sueños y/o visiones. Otra manera en que el Espíritu Santo nos revela nuestro propósito es a través de sus profetas.

Cuando el Espíritu Santo habla a nuestra vida a través de sus profetas, lo que hace el profeta es descifrar los códigos secretos del Padre que se encuentran en nuestro espiritu. Los activa de tal manera que podamos descubrir ese potencial que el Padre depositó en nosotros antes de que naciéramos pero que necesitaba ser activado a través de la palabra profética con el objetivo de que explotemos ese potencial y así podamos alcanzar nuestro destino.

Es importante mencionar que a medida que el Espíritu Santo nos va dando a conocer nuestro propósito también nos va enseñando a pedir como conviene o a pedir bien. Por eso es muy común el que cuando nos encontramos en la presencia de Dios en alguna jornada de oración, ayuno, adoración, etc. a veces no pedimos por nuestra necesidades. Solo sentimos adorar aun cuando tenemos grandes necesidades. Está el caso también de cuando sentimos una necesidad imperante de ayunar cuando ni siquiera entendemos por qué.

También sucede que en ocasiones vamos a la presencia con la intención de hacer una intercesión de guerra y de repente nos encontramos de rodillas gimiendo en la presencia del señor.

O cuando tratamos de orar en nuestro idioma y cada vez que lo intentamos no podemos y sentimos una gran necesidad de hacerlo en otras lenguas.

¡Ese es el Espíritu Santo enseñándonos a pedir como conviene! Según la necesidad, circunstancias, y sobre todo según el propósito de Dios para cada uno de nosotros.

Mi recomendación es que siempre se deje guiar por El. El siempre nos guiará a toda verdad y justicia.

"Pero cuando venga el espíritu de verdad, el os guiará a toda verdad, porque no hablará por su propia cuenta sino que hablará todo lo que oyere y os hará saber las cosas que han de venir". (Juan 16:13)

LA ORACIÓN

Dios sabe lo que necesitamos antes de que lo pidamos. A través de la oración solo le damos a Dios el derecho legal de intervenir sobrenaturalmente en nuestra situación.

Durante muchos años se nos enseñó que orar era simplemente hablar con Dios. Se nos enseñó además que la oración era una conversación que podíamos tener en silencio, que no era necesario orar en voz alta para que Dios nos escuchara. Esa es una gran verdad, pero una verdad a medias.

El orar en nuestro corazón es solo un tipo de oración dentro de la amplia gama de oraciones que existen.

Proverb
15:29
I Reyes
9:3
Santiango
5:16

que intercede en favor de otra persona →

EL INTERCESOR

Alguien quien aboga por usted.

Muchos de nosotros cuando pensamos en un hombre o mujer de oración no podemos evitar imaginar a aquella anciana pobre, llena de problemas, poco letrada, que siempre llega antes del servicio para orar pero que siempre pasa desapercibida. A nadie le interesa conversar con ella porque entienden que no tiene más nada que aportar más que muchos problemas y por eso ora tanto.

Por mucho tiempo se nos enseñó a través del ejemplo que la oración era algo monótono, repetitivo y solo se hacía en circunstancias de necesidad, cuando se está pasando por una situación difícil o algún problema que en nuestra humanidad no pudiéramos resolver.

También se nos enseñó que deberíamos repetir lo mismo una y otra vez hasta que Dios nos contestara, porque eso significaba "*ser constante en la oración*" (Romanos 12:12)

Como consecuencia de todas estas enseñanzas los servicios de oración en nuestras iglesias se convirtieron en los menos frecuentados por la membrecía. Los más *aburridos*, donde generalmente la gente se dormía. Toda esa situación nos llevó a pensar que los servicios de oración eran solo para ancianos y que los jóvenes de la iglesia necesitaban hacer otra cosa más divertida mientras los ancianos oraban.

QUÉ ES REALMENTE
UN INTERCESOR

Afortunadamente ninguna de esas características que acabo de mencionar describe a un intercesor.

Un intercesor es alguien que ha sido ungido por Dios para traer el cielo a la tierra. Por eso la oración modelo dejada a nosotros por nuestro señor Jesucristo dice: *"Venga a nosotros tu Reino"*. Pedimos que el gobierno del cielo se establezca en la tierra.

Otra labor del intercesor es velar que la voluntad de Dios se establezca en la tierra: *"hágase tu voluntad en la tierra como en el cielo"*.

Otra de las funciones del Intercesor es guiar al pueblo a través de la intercesión a alcanzar el propósito o voluntad de Dios para una persona, un ministerio, ciudad, pueblo o nación.

El intercesor también es alguien que tiene libre acceso al mundo espiritual. Ese libre acceso le permite ver las dinámicas humanas desde una perspectiva espiritual.

Quizás se sorprenderá si le digo que un porcentaje mayor del que imaginamos de las situaciones diarias con las que tenemos que lidiar los seres humanos tienen un origen espiritual. *"Porque no tenemos lucha contra sangre, y carne, sino contra principados, contra potestades, contra los gobernadores de las tinieblas de este siglo, contra huestes espirituales de maldad en las regiones celestes"* (Efesios 6:12)

Ese verso nos explica el por qué de los constantes conflictos que humanamente enfrentamos. Pone en evidencia el hecho de que a menudo no logramos ganar nuestras batallas en el mundo físico porque no la hemos ganado primero en el mundo espiritual.

Volviendo a la labor del Intercesor, él es quien recibe las estrategias de guerra de parte del Espíritu Santo para direccionar al pueblo a obtener la victoria.

El Intercesor es alguien que conquista reinos y naciones, que le arrebata al reino de las tinieblas territorios que han estado bajo opresión o maldición.

El Intercesor es un mediador que toma las necesidades del pueblo o nación y se las presenta al Padre y toma la respuesta del Padre y la establece en la nación o pueblo.

El Intercesor además trae rompimiento sobre finanzas, ministerios, ciclos de maldiciones en familias, naciones, opresiones de enfermedad, etc.

El Intercesor hace decretos y establece la voluntad del reino de Dios sobre una persona, una nación y/o un ministerio.

TIPOS DE ORACIÓN

LA ORACIÓN INTERCESORA

"Orando en todo tiempo con toda oración y súplica en el espíritu, y velando en ello con toda súplica, por todos los santos". (Efesios 6:18)

La oración intercesora es uno de los tipos de oración más practicada por los creyentes. Creo que todos hemos dicho alguna vez a alguien *"estaré orando por ti"*. Ese acto de presentarse al Padre en oración por alguien más es una oración intercesora.

Hacemos uso de la oración intercesora cuando oramos a favor de una persona, pueblo o nación con la finalidad de pedir la intervención divina de Dios en una situación determinada o en algún área de necesidad.

A pesar de que la oración intercesora es uno de los grandes mandamientos que nos dejó nuestro señor Jesucristo cuando dijo *"orad unos por otros"* (Santiago 1:26) a veces hacemos uso incorrecto de esta arma. Muy a menudo solemos decir *"no te preocupe, estoy peleando tu batalla"*, cuando el hecho de que estemos intercediendo por otros no significa que lo vamos a librar de sus tribulaciones. Cada persona debe creerle a Dios por su propio rompimiento.

El hecho de interceder por otra persona implica un acto de unidad. Unir nuestra fe a la de ella bajo el poder del acuerdo para que el rompimiento se produzca. *"Si dos de vosotros se pusieren de acuerdo en la tierra, acerca de cualquier cosa que pidieren, les será hecho por mi padre que está en los cielos"* (Mateos 18:19)

LA ORACIÓN DE GUERRA

"Entonces Jehová dijo a Moisés: ¿por qué clamas a mi? Di a los hijos de Israel que marchen. Y tú alza tu vara y extiende tu mano sobre el mar y divídelo, y entren los hijos de Israel por en medio del mar en seco" (Exodo 14:15-16)

Al principio les mencioné el tipo de oración que es una conversación entre la persona con Dios. Ese tipo de oración la podemos hacer en cualquier lugar, a cualquier hora. La podemos hacer en silencio o en nuestro corazón y eso no hace que pierda su efectividad. Dios también nos escucha.

Pero la oración de guerra es distinta. De hecho este tipo de oración es una de las armas más poderosas que tenemos como creyentes contra el reino de las tinieblas.

Es en la oración de guerra donde activamos el ministerio de los ángeles para que actúen sobre la situación por la que estamos orando.

Este tipo de oración debe ser realizada en voz audible. En la oración de guerra no solo hablamos al Padre. También utilizamos la autoridad que nos ha sido delegada por Dios a través del Espíritu Santo por mediación de la muerte de Jesús para ejercer poder sobre el reino de las tinieblas. *"Pero recibiréis poder, cuando haya venido sobre vosotros el Espíritu Santo..."* (Hechos 1:8)

La palabra **poder** significa autoridad para operar sobre algo o alguien. Muchos creyentes desconocen la autoridad que tenemos en Cristo Jesús. La Biblia nos enseña unas poderosas palabras que le dijo Jesús a sus discípulos: *"De cierto os digo: el que cree en mi, las obras que yo hago, el las hará también y aun mayores hará, porque yo voy al padre"*. (Juan 14:12)

Si algo definió el ministerio de Jesús fue el poder. La autoridad en la que El operaba sobre todas las cosas. Sobre los demonios, las enfermedades, hasta sobre la naturaleza cuando por ejemplo secó la higuera estéril o calmó la tempestad. (Mateo 8:23-37- Lucas 13:6-9)

Antes de continuar debo aclarar que no hay una oración que sea mejor que la otra. Todas, usadas en el momento correcto y en la situación adecuada son igual de efectivas.

Hay momentos en nuestras vidas en que debemos de pedir en oración al padre, pero hay otros momentos en que debemos de pasar de la oración a la guerra. Operar en la oración de guerra significa ejercer la autoridad que nos ha sido entrega sobre toda fuerza del mal.

"He aquí os doy potestad de hollar serpientes y escorpiones, y sobre toda fuerza del enemigo, y nada os dañara (Lucas 10:19)

Aquí algunos ejemplos de la oración de guerra:

"Espíritu de drogadicción te prohíbo ejercer autoridad sobre mi hijo".

"Activo el ministerio de los ángeles de guerra contra toda fuerza demoníaca que se haya levantado en contra de mi matrimonio".

"Anulo toda asignación demoníaca levantada en contra de mis finanzas".

"Cancelo todo levantamiento del reino de las tinieblas que sea contrario a los propósitos de Dios en mi vida".

Ese acto de hablarle de forma específica y directa a las fuerzas del mal es guerra espiritual u oración de guerra.

APRENDIENDO A EJERCER AUTORIDAD SOBRE EL REINO DE LAS TINIEBLAS

A menudo pensamos que el mundo físico es lo más real que existe por ser el que conocemos, el único que podemos ver, tocar, percibir etc. Nos olvidamos de que existe otro mundo más real que el físico: el mundo espiritual. Este mundo al igual que el físico es regido por normas, leyes, reglamentos etc.

Tanto el reino de las tinieblas como el reino de la luz están estrictamente organizados. Por ejemplo en el reino de la luz las funciones y roles están bien definidos:

Está el Padre: Dios supremo creador de todas las cosas (Juan 1:1-5)

Está el hijo: Abogado, mediador entre Dios y los hombres (1 Timoteo 2:5)

Está el Espíritu Santo: Consolador, guía, quien nos revela el corazón del Padre. (Juan 14:26).

Están los Angeles: Espíritus ministradores enviados a nuestro servicio. (Hebreo 1:14)

En el reino de la luz al cual pertenecemos existen diferentes tipos de Angeles. Está el ángel Gabriel, al cual la Biblia siempre presenta en un rol de mensajero o como portador de noticias. Fue el que le dio la noticia a María de que estaba embarazada. (Lucas 1:26-38)

También el ángel Gabriel fue quien le dio la noticia a Zacarías sobre el embarazo de su esposa Elisabet y del nacimiento de Juan el bautista. (Lucas 1:18-19)

Están los Querubines (Génesis 3:24), Serafines (Isaías 6:2), el ángel de Jehová (Salmos 34:7, and Jueces 6:12 and 13:3).

El reino de las tinieblas también está organizado bajo un orden jerárquico y definido. Existen principados, potestades, gobernadores, huestes Espirituales de maldad, etc. (Efesios 6:2)

También en el reino de las tinieblas hay ángeles malos (Mateos 25:41). Recordemos que cuando Satanás fue expulsado del cielo por haberse encontrado maldad en él dice la Palabra que la tercera parte de los ángeles se fue con él. (Apocalipsis 12:4 y 9).

Les hago todo este recuento para que tengan una idea más clara del mundo espiritual y de nuestra posición como creyentes dentro de ese reino que apenas conocemos.

Las escrituras no cuentan que cuando Cristo murió en la cruz y resucitó *"toda autoridad le fue dada en los cielos y en la tierra"*. (Mateo 28:18)

Así nosotros una vez que recibimos a Jesús como señor y salvador somos empoderados por El con todo lo que El es. Eso significa que tenemos poder para operar en todo lo que el operó. La Biblia señala además que estamos sentados en lugares celestiales con El padre (Efesios 2:6), lo que denota que estamos reinando juntamente con El.

Una de las características de los reyes es que pueden ordenar, decretar y anular. En otras palabras somos partícipes y herederos del mismo poder con el que Jesús operaba para ejercer autoridad y dominio sobre todo lo creado y eso incluye al reino de las tinieblas.

Podemos hablarle a situaciones como Jesús le habló. Podemos ordenarles a los espíritus inmundos de enfermedad, miedo, escasez, etc. salir fuera como El lo hizo y la respuesta será la misma que El tuvo. *"He aquí os doy potestad de hollar serpientes y escorpiones y sobre toda fuerza del enemigo y nada os dañará"* (Lucas 10:19)

EJERCIENDO NUESTRA AUTORIDAD

"Mi pueblo fue destruido porque le falto conocimiento…" (Oseas 4:6)

Hace algún tiempo escuché una historia de un señor campesino, de escasos recursos, que ganó un viaje en un crucero. Cuando llegó el día de abordar el señor preparó su mochila con galletas, jamón y jugo.

El se aseguró de llevar una porción suficiente, que le permitiera comer durante los días de travesía del crucero. Una vez en el puerto, mientras abordaban el crucero aquel señor se encontró con un pequeño grupo de personas que habían ganado el premio también.

El señor miró a cada uno de sus compañeros, vio que ninguno traía comida consigo y pensó: "una vez entremos en el crucero me voy a esconder de todos ellos. Ninguno trajo comida y la porción que traje solo alcanza para mí." Así lo hizo. Durante todo el viaje evitó verse con sus compañeros.

Cuando hubo terminado la travesía, a la salida del crucero, el señor se reencontró con sus compañeros. Ellos le preguntaron: "¿Dónde estuviste todos esos días? Tratamos de localizarte para ir juntos al bufet, restaurantes etc." El señor les contestó: "De todos modos yo no tendría dinero para pagar por ese bufet y esos restaurantes."

Ellos le contestaron: "No era necesario que lo hicieras por que **todo estaba incluido**. El ticket que ganamos incluía el crucero con todos sus beneficios."

Al igual que este señor desconocía los beneficios que tenía a su disposición como tripulante de un crucero muchas veces nosotros como creyentes solo accedemos a los beneficios del Reino de forma parcial, monótona, escasa porque desconocemos los beneficios que el reino de Dios nos ofrece.

Nos conformamos con pan y jamón cuando hay todo un bufet, preparado por el padre, para nosotros, al cual tenemos libre acceso. En este gran crucero de la salvación todo está incluido.

Cuando recibimos a Jesús en nuestro corazón no solo recibimos el beneficio de la salvación de nuestra alma. ¡También recibimos el poder para operar en los milagros, la liberación y sanaciones en las que El operaba! Todo está incluido en el paquete.

Es interesante ver como a veces pasamos años orando al padre por cosas cuando ¡ya hemos sido empoderados por El para ordenarle al infierno soltar lo que nos pertenece en el nombre de Jesús!

A menudo nos quejamos por situaciones que han operado en nuestra vida por mucho tiempo, desconociendo que hay un milagro en nuestra boca.

Desconocemos que al igual que Jesús le habló a la tempestad para que se calmara nosotros, como su seguidores, tenemos la misma autoridad de hablarle a nuestra situación y producir cambio.

CAMBIANDO LA
MANERA DE HABLAR

El hecho de desconocer la autoridad que tenemos en Jesús nos hace desconocer como consecuencia el poder que tenemos en la boca. El poder que poseen nuestras palabras. *"En tu boca esta el poder de la vida y de la muerte"* (Proverbios 18:21). Como siervos de Dios tenemos el poder, a través de nuestras palabras, de bendecir o de maldecir.

Poder para fortalecer las ataduras de maldición o para liberar. Muchas veces el cambio definitivo de nuestra situación se encuentra a la distancia de una decisión: Decidir cómo vamos a usar nuestras palabras. Hacer conciencia de que estamos hablando sobre nuestra vida, quejas, maldición, palabras de fracaso, de miedo, intimidación. Nuestras palabras son el resultado de lo que está en nuestro corazón, de lo que creemos y la Biblia dice: *"Cualquiera que dijere a ese monte: quítate y échate en el mar, y no dudare en su corazón, sino, que creyere que será hecho, lo que diga será hecho..."* (Marcos 11:23).

Esta realidad encontrada en el Evangelio de Marcos, no solo se limita a las palabras positivas y de bendición. ¡Incluye las palabras negativas y de maldición que salen de nuestra boca!

No sería sabio pensar que las palabras de un presidente o un gobernador no serán tomadas en cuenta si son pronunciadas en un momento de ira, tristeza, frustración o borrachera. Las palabras de un jefe de estado siguen teniendo el mismo valor y peso sin importar las circunstancias emocionales en las que fueron pronunciadas.

Las palabras tienen valor y peso por la **posición de autoridad** desde la que se pronuncien. Por lo tanto si la Biblia dice que nos encontramos sentados en lugares celestiales junto al Padre y que somos reyes y sacerdotes, entonces nuestras palabras son órdenes, decretos que poseen un peso profético (Efesios 2:6 – Apocalipsis 1:6).

Cuando le hablamos negativamente a nuestra vida, o situación establecemos inconscientemente cosas negativas sobre nuestra vida y fortalecemos ciclos de maldiciones que nos impiden alcanzar la plenitud de vida que Dios diseñó para nosotros.

Todo lo contrario ocurre cuando hablamos Fe sobre nuestra situación.

APRENDIENDO A HABLAR FE SOBRE NUESTRA SITUACIÓN.

"*Como creyere será hecho*" (Marcos 11:23)

Los seres humanos atravesamos por situaciones diversas. Hay situaciones en nuestra vida que son producto de malas decisiones del pasado, otras que son producto de maldiciones ancestrales y hay otras que son creadas por nuestras propias palabras.

Muchas veces las personas piensan que es surrealista el hecho de hablar Fe sobre su situación y dicen: "No estoy hablando negativo, solo estoy diciendo la verdad de mi situación".

La expresión adecuada debería ser: "Solo estoy diciendo la realidad de lo que puedo percibir en el mundo físico".

Como creyentes no hemos sido llamados a *caminar por vista, sino por Fe* (2 Corintios 5:7). Hablar Fe sobre nuestra situación significa declarar la palabra, establecer lo que Dios ha dicho sin importar las circunstancias adversas por las que estemos atravesando.

Esta es un arma poderosa contra los ataques del maligno. Cuando hablamos Fe sobre nuestra situación le estamos dando a la palabra de Dios la supremacía sobre toda circunstancia contraria, el primer lugar, estamos honrando lo que Dios ha dicho. Ese acto además denota que creemos en su palabra por encima de toda adversidad y eso se llama Fe.

Fe es todo lo que Dios necesita para que el milagro se produzca.

LA INTERCESIÓN PROFÉTICA

Esta es una de las herramientas de guerra espiritual más aguda.

A través de la oración le pedimos a Dios que intervenga en nuestra situación pero cuando pasamos de la oración a la guerra espiritual nosotros tomamos la posición al frente de la batalla. Dirigidos por Dios a través del Espíritu Santo y respaldado por la autoridad que nos fue delegada a través Jesús y su muerte en la cruz le hacemos frente a los principados, potestades, gobernadores, etc.

Ejercemos autoridad sobre ellos y les arrebatamos nuestro objeto de interés: territorios, salud, finanzas, etc. Ese acto de hacer uso de nuestra autoridad a través de la intercesión profética se logra cuando el intercesor profetiza, decreta o establece lo que desea que ocurra sobre una persona, nación o una situación equis.

Profetizar significa predecir, anunciar, llamar a la existencia algo para que se establezca o suceda. Establecer es imponer una verdad sobre una situación existente. Decretar es ordenar o autorizar.

Lo que hace a la intercesión profética un arma tan poderosa es que a través de este tipo de intercesión enviamos un mensaje claro al reino de las tinieblas de que sabemos quiénes somos en Dios, de que conocemos nuestra posición en el reino y de que estamos concientes del nivel de autoridad que nos ha sido entregado.

Lo lamentable es que a pesar de la intercesión profética ser un arma tan efectiva en las manos del creyente, a muchos les cuesta hacer uso de ella. A menudo escuchamos comentarios como:

"Solo Jesús puede enfrentar principados."

"La autoridad para operar en decretos y milagros es cosa del pasado."

Muchas veces el enemigo nos hace creer a los creyentes que no tenemos autoridad, que no somos más que pecadores debiluchos y que solo hemos sido salvos por gracia. En otros casos, si el creyente tuvo un pasado difícil antes de recibir a Jesús, el enemigo lo ataca con pensamientos de culpabilidad:

"Yo he incurrido en tantos pecados que no creo que esa autoridad sea para mí."

"¿Habrá perdonado Dios todos mis pecados?"

"Necesito tener varios años como creyente para recibir esa autoridad."

Nos olvidamos que el hijo de un gato es un gatito, el de un perro un perrito y que nosotros como hijos de Dios somos pequeños Dioses, salvos por gracia por medio de la fe y empoderados por Dios para operar en las mismas obras que Jesús operaba.

Otra razón que hace a la intercesión profética un arma tan poderosa es que a través de ella suprimimos la autoridad de las fuerzas de las tinieblas de operar sobre naciones, personas, ministerios, etc.

A través de la intercesión profética además traemos cambios. Cambiamos sistemas de operación de países, gobiernos, etc. Anulamos maldiciones sobre familias, personas, ministerios, naciones.

Activamos ministerios, desatamos proyectos estancados, rompemos ciclos de idolatría e iniquidad, que operan sobre personas y naciones. Establecemos los propósitos del reino sobre vidas, naciones y ministerios.

LA ORACIÓN APELATIVA DIOS COMO JUEZ

"Júzgame señor conforme a tu justicia" (Salmos 35:24).

Me atrevería a decir que este es el tipo de oración menos utilizada, aunque no por eso menos efectiva. Muchos creyentes conocen a Dios como padre, como rey, como amigo, como proveedor, etc. Pero a muchos por alguna razón se les olvida que Dios además de ser todo eso, es también un juez.

Como juez una de sus funciones es evaluar situaciones con la finalidad de dar un veredicto. *"El Juez de toda la tierra no sabrá lo que es justo"* (Génesis 18:25)

Cuando Dios le manifestó sus intenciones a Abraham de destruir su ciudad de Sodoma, Abraham desde su posición de intercesor trató de apelar su caso frente a Dios. Dios se vio retado como juez justo a rendirle cuentas a Abraham sobre las razones que lo habían llevado a dictar ese veredicto contra Sodoma. (Génesis 18.)

De la misma manera nosotros como creyentes a veces nos encontramos en situaciones en las que debemos acudir a Dios como Juez.

David también lo hizo, especialmente cuando él se sentía maliciosamente acusado por el enemigo:

"Jehová si yo he hecho esto, si he dado mal pago al que estaba en paz conmigo, que persiga el enemigo mi vida y la alcance, y mi honra ponga en el polvo." (Salmos 7:4-5)

David le decía en otras palabras: evalúa mi caso como Juez justo que eres. Si yo soy culpable entonces falla en mi contra permitiendo que el enemigo alcance mi vida o me venza.

Lo mismo sucede cuando alguna persona ora en nuestra contra. El Señor, desde su posición de juez, evalúa nuestro grado de culpabilidad en el caso en cuestión.

Recuerde que uno de los atributos de Dios es la justicia. Ese atributo le impide parcializarse. *"Porque el hijo del hombre vendrá en la gloria de su padre y pagará a cada uno conforme a sus obras"* (Mateos 16:27).

Cuando hablamos de atributos nos referimos a su esencia, a eso que lo caracteriza, que lo hace ser Dios. Los atributos de Dios son incambiables porque son el conjunto de rasgos y características que lo conforman. El es inmutable.

"Toda buena dádiva y todo don perfecto desciende de lo alto, del padre de las luces en el cual no hay mudanzas ni sombra de variación". (Santiago 1:17)

La intercesión es una acción que provoca una reacción de parte de Dios hacia nosotros.

*"Por cuanto el clamor **contra** Sodoma y Gomorra se aumenta más y más y el pecado de ellos se ha agravado en extremo, descenderé ahora y veré si han consumado su obra según el clamor que ha llegado a mí y si no, lo sabré"* (Génesis 28:20-21).

En otras palabras Dios le dijo a Abraham: "Necesito responder, los intercesores están clamando y cada día son mas y mas las oraciones contra esas ciudades. Como Juez justo necesito descender a Sodoma y Gomorra y verificar (evaluación de prueba) por mí la información de los intercesores.

PUEDES APELAR TU CASO

Otro aspecto que podemos notar en ese mismo pasaje del libro de Génesis es que a través de la oración nosotros como creyentes también podemos apelar nuestro caso, exponer nuestras razones y nuestros puntos frente a Dios.

Abraham apeló la decisión de Dios. Cuando El le comunicó su intención de destruir esas dos ciudades Abraham le dijo: *"destruirás también al justo, como al impío"*(Génesis 18:23).

Pero todo no quedó allí. Luego Abraham como parte de su argumento apelativo cuestiona la decisión de Dios utilizando como argumento de defensa uno de los atributos de Dios: la justicia y le dice:

"¿El juez de toda la tierra no ha de hacer lo que es justo?" (Génesis 18:25).

Y así Abraham continúa haciendo uso de su intercesión apelativa, hasta que Dios le da a conocer todos los argumentos que tenía en contra de esas ciudades y el por qué de su decisión de destruirlas.

Por eso es que se hace imprescindible que como creyentes vivamos una vida en integridad frente a Dios y los hombres de manera que cuando nos presentemos en intercesión frente al juez de toda la tierra el enemigo no tenga argumento de peso en nuestra contra y el juez justo falle a nuestro favor, enviando respuesta a nuestras peticiones.

LA ORACIÓN SILENCIOSA

Es ese tipo de oración que realizamos sin emitir palabras, solo en nuestro corazón.

Creo que todo creyente ha hecho uso de ese tipo de oración alguna vez, especialmente en alguna entrevista de trabajo, esperando algún diagnóstico en alguna oficina médica, en alguna corte o simplemente conduciendo un auto, etc.

Este tipo de oración no debe confundirse con la situación de cuando vamos a la presencia de Dios y simplemente no podemos orar porque nos sentimos tan angustiados que solo nos presentamos frente al Padre y no emitimos palabras por motivo de nuestra aflicción.

La oración silenciosa es aquella que elevamos cuando voluntariamente tomamos la decisión de hablar con el Padre en silencio. Porque estamos en un lugar público y no deseamos ser escuchados o porque no deseamos enterar al reino de las tinieblas de nuestra petición, etc.

Este tipo de oración es exclusivamente entre el Padre y nosotros. Generalmente está basada en una petición que hacemos al padre de intervenir sobrenaturalmente en el área específica de nuestro interés en ese momento.

Ese tipo de oración también es utilizada cuando necesitamos una intervención divina urgente o rápida para resolver una situación inmediata, que no puede esperar.

LA ORACIÓN DE RENDICIÓN

En este tipo de oración también nos presentamos frente a Dios por motivo de nuestra aflicción de espíritu. La diferencia con la oración silenciosa es que en la oración de rendición sí hay palabras.

Pero las palabras salen acompañadas de lloro. Es una oración de rendición, de entrega. Esta oración generalmente se hace de rodillas o tirado en el sofá o en el piso.

Fue el tipo de oración que hizo Ana, la madre de Samuel cuando oraba a Dios por un hijo.

Dice la Palabra que era tanta la aflicción de aquella mujer que ella no cesaba de llorar y mover los labios a tal grado que Eli, el sacerdote de la iglesia, pensó que ella estaba borracha. (1 Samuel 1:12-17)

El poder de la oración de rendición radica en que nos presentamos al Padre tal como somos y nos rendimos a El. Le dejamos saber que por nuestras propias fuerzas no podemos, que necesitamos su ayuda. En otras palabras cuando nos rendimos a Dios ponemos el carro de nuestra vida en neutro y eso le permite tomar el control absoluto de nuestra situación, hacer lo que mejor El sabe hacer: tomar cuidado de nosotros.

ORACIÓN EN EL ESPÍRITU

Esta es una de las experiencias más lindas y espiritualmente más enriquecedoras que podemos experimentar como intercesores.

En este tipo de oración el Espíritu Santo intercede a través de nosotros en lenguas.

Podemos empezar orando en nuestro lenguaje y de repente sentir que el Espíritu Santo toma el control de nuestras palabras y nos encontramos intercediendo en una lengua desconocida para nosotros.

La Biblia nos dice que el Espíritu Santo nos enseña a pedir como conviene, o sea conforme al propósito de Dios para cada cual. Pero también nos dice que el Espíritu Santo intercede por nosotros con gemidos indecibles.

El Espíritu Santo es un intercesor. El no solo nos enseña a orar adecuadamente sino que El también intercede ante el Padre a través de nosotros.

Es a ese acto del Espíritu Santo de tomar el control de nuestras palabras y llevarnos a orar en otras lenguas a lo que llamamos la oración en el espíritu.

Hay varias razones por las que el Espíritu Santo intercede por nosotros a través de la oración en el espíritu. Creo que la razón primordial, que es la que me motivó a escribir este libro, es para enseñarnos a utilizar las armaduras correctas según nuestra situación y/o petición.

Recordemos que en nuestro reino el Espíritu Santo opera como una especie de *agente secreto*. El nos revela los secretos escondidos en el corazón del Padre, nos lleva a toda verdad y justicia, nos instruye, redarguye, corrige, etc.

Cuando nos presentamos en oración por alguna batalla que estamos enfrentando, en la mayoría de los casos desconocemos los factores detonantes que han provocado o le han dado lugar a esa situación.

Las guerras, oposiciones, problemas o situaciones con las que tenemos que lidiar no se dan en el vacío. Algo las provoca, las desencadena. Ese algo podría ser el tomar malas decisiones, maldiciones generacionales, reincidencias pecaminosas, asignaciones demoníacas, falta de perdón o raíz de amargura entre otras causas.

Al nosotros desconocer la fuente que le está dando lugar a ese ataque que estamos enfrentando, oramos mal. Nos presentamos frente al Padre en oración pero no utilizamos la armadura correcta ni la dirigimos al objetivo o al enfoque de ataque adecuado por desconocer el origen.

Cuando el Espíritu Santo intercede al Padre a través de nosotros El redirige nuestra oración al objetivo correcto. Nos guía para utilizar la armadura correcta para ese tipo de ataque específico que estamos enfrentando.

Con esto nos lleva a, no solo pedirle a Dios que resuelva el problema, sino a atacar la fuente de origen que desencadena o le da lugar a ese problema.

Por esa razón a menudo sucede que cuando el Espíritu Santo toma nuestras palabras y empezamos a orar en otras lenguas, aunque muchas veces no podemos entender lo que estamos diciendo, sí vemos que nuestro estilo de oración cambia.

Empezamos a orar con gemidos, llorando. Si estábamos de rodillas nos ponemos de pie rápidamente y empezamos como a ordenar o establecer en otras lenguas. También se da el caso de que si nos encontramos orando de pie nos postramos de rodillas y empezamos a clamar como si estuviéramos pidiendo perdón al Padre en otras lenguas.

Todas estas manifestaciones del Espíritu Santo corresponden a su misión de enseñarnos a utilizar las armas espirituales correctas y a pedir como conviene.

Por ejemplo si estamos orando a Dios para ser librados de ciertos ataques financieros que hemos estado enfrentando y si el factor detonante de esos ataques son maldiciones generacionales de pobreza que no han sido quebrantadas y por tal motivo siguen operando en nuestra familia, el Espíritu Santo nos guiará primero a pedir perdón por esos pecados que operan en nuestra familia y luego a renunciar a ellos para que nuestra oración no tenga oposición y podamos recibir nuestra respuesta.

En otras palabras el Espíritu Santo nos guiará a orar en el orden adecuado y sacara a la luz todo aquello que este bloqueando nuestra respuesta y que nos impide vivir una vida victoriosa.

Supongamos como otro ejemplo que llevamos orando por nuestro ministerio un tiempo considerable sin que hayamos recibido ninguna repuesta. Supongamos también que mientras oramos por ese propósito en nuestra vida hay una recurrencia o reincidencia pecaminosa o estemos operando en algún pecado oculto. Sin darnos cuenta de que lo que está bloqueando nuestra respuesta son esas reincidencias pecaminosas. Entonces es probable que el Espíritu Santo nos lleve a través de la oración en el Espíritu a confesar esos pecados que están bloqueando nuestras respuestas y deteniendo nuestra bendición.

También es posible que nos traiga conciencia acerca de cómo esos pecados están afectando nuestra vida física y espiritual y como consecuencia impidiendo la manifestación de nuestra respuesta.

La oración en el Espíritu también puede surgir como una manera del Espíritu Santo de ayudarnos a orar por alguna situación que desconocemos. Recuerden que El es quien nos lleva a toda verdad.

Por ejemplo si se está preparando algo en nuestra contra, si tenemos algún enemigo oculto, si hay alguna asignación demoníaca activada a nuestro nombre o dirigida a nuestra familia o alguna trampa o conspiración que nos sea contraria y de la cual no tenemos conocimiento.

Entonces el Espíritu Santo interfiere nuestra oración para llevarnos a pedir la intervención del Padre en situaciones que nosotros hasta ese momento desconocemos.

Este tipo de oración también puede surgir como una decisión propia o porque el Espíritu Santo haya hablado a nuestro espíritu para que empecemos a interceder en lenguas como una *estrategia de guerra* frente a circunstancias o situaciones específicas.

LAS ESTRATEGIAS DE GUERRA

A menudo decimos que somos el *ejército del señor* pero nos olvidamos de que los ejércitos tienen que operar bajo una serie de reglas y disciplinas del esquema organizacional por el cual son regidos.

Los ejércitos tienen generales y capitanes a quienes deben obedecer y por quienes deben dejarse direccionar. Además cuando tienen que enfrentar cualquier batalla se rigen bajo una serie de estrategias.

Las estrategias son códigos secretos de comportamiento, ubicación, reacción, etc. que solo conocen los miembros del equipo. Esas estrategias son creadas con el objetivo de atacar la debilidad del ejército opositor, confundir al enemigo, poder comunicarse entre sí por códigos que no puedan ser decodificados por el ejército opositor, etc.

Todo esto con el objetivo de obtener la victoria. ¡Nosotros como el gran ejército del Señor operamos bajo reglas similares! Tenemos un capitán que es Dios y tenemos reglas que debemos seguir, que son las Sagradas Escrituras. Pero también tenemos que utilizar una serie de *estrategias de guerra*.

Esas estrategias de guerra son códigos secretos que se encuentran en el corazón del Padre, nuestro capitán y que son reveladas a nosotros por el Espíritu Santo quien es el que las conoce, con el objetivo de garantizarnos la victoria sobre nuestro oponente.

"Pero Dios la reveló a nosotros por medio del Espíritu, porque el Espíritu todo lo escudriña, aun lo profundo de Dios". (1 Corintios 2:10)

A través de la Biblia podemos notar cómo Dios se comunicaba con sus siervos para darles estrategias. Jehová dio estrategias a Josué cuando le dijo que rodeara las murallas de Jericó y que le dieran una vuelta durante seis días, que llevaran cuernos de carnero y que el día número siete les dieran siete vuelta y que ese mismo día las murallas serían derribadas y así ocurrió. (Ver Josué 6).

También le dio estrategias de guerra a Josué cuando le dijo que tomaran doce piedras del Jordán para que las aguas fueran divididas y ellos pudieran pasar en seco y obtener la victoria sobre sus enemigos. (Ver Josué 4).

También Dios le dio estrategias a Abraham cuando le dijo que caminara y que todo lugar que pisara la planta de sus pies le sería entregado a su descendencia. (Génesis 11:24)

Le dio estrategias de guerra a Maldoqueo y a su sobrina Esther. Les indicó no declarar su nacionalidad, hacer tres días de ayuno y luego hacer tres banquetes. Con esto posteriormente obtuvieron la victoria sobre su enemigo Aman. (Esther 2:10 y 3: 4, 5).

Dios también le dio estrategias de guerra a Moisés cuando le dijo que golpeara las aguas del mar rojo para que el pueblo de Israel pasara en seco. (Ver Exodo 14)

Dios siempre ha estado interesado en proveernos estrategias a través del Espíritu Santo que nos garanticen una vida victoriosa.

El intercesor es uno de los estrategas de guerra Espirituales de la iglesia del Señor. Es el encargado de empoderar al pueblo a través de la revelación recibida por el Espíritu Santo, del tipo de estrategia espiritual a utilizar según el ataque del enemigo al pueblo de Dios. El intercesor es un estratega de guerra en el reino.

LA ADORACIÓN COMO ARMA DE GUERRA

"Cuando oréis decid: padre nuestro que estás en los cielos, santificado sea tu nombre" (Lucas 11:1)

La adoración es otra arma de guerra espiritual, poderosa a disposición del creyente. Por años la iglesia cristiana no le dio a la adoración el lugar que le corresponde dentro del servicio litúrgico ni enseñó la importancia de la adoración en la vida del creyente.

Adorar es admirar, exaltar, reconocer la grandeza o soberanía de alguien o algo. Es también agradecer y honrar a alguien o algo por los favores recibidos.

Por años el momento de adoración y alabanzas fue la parte más corta del servicio en las iglesias. La mayor porción del tiempo era reservada para la predicación de la palabra o el sermón, minimizando con esto una parte modular o esencial de nuestro servicio litúrgico.

Afortunadamente el Espíritu Santo trajo revelación a la iglesia. En la actualidad las iglesias no solo reservan un tiempo especial para el momento de adoración sino que vemos músicos preparados, salmistas ungidos, etc.

El poder disfrutar del momento de adoración actualmente en las iglesias es toda una experiencia de entrega y exaltación a Dios. A través de esa nueva experiencia hemos descubierto como iglesia que no era necesario esperar hasta el mensaje de la palabra para que las vidas fueran tocadas por el Espíritu Santo.

A través de la adoración las vidas también son tocadas y restauradas. No obstante a veces como creyentes pensamos que esos niveles de adoración al Señor están solamente reservados para cuando estamos en el templo o cuando estamos en algún lugar con mucha gente y una gran banda de música que nos motive a adorar.

Lo cierto es que nuestro gran maestro Jesús nos enseñó que debemos adorar cada vez que nos presentemos al padre en oración:

"Cuando oréis decid; padre nuestro que estás en los cielos, santificado sea tu nombre" (Lucas 11:1).

Esta oración modelo dejada a nosotros por nuestro Señor Jesucristo nos enseña que primero exaltamos su nombre y luego oramos. No podemos pretender ser un intercesor si primero no somos un adorador.

Esta oración modelo nos muestra además que después de haber adorado y exaltado al padre procedemos a presentar nuestra petición en oración. *"El pan nuestro de cada día dánoslo hoy"* (Lucas 11:3)

POR QUÉ DEBEMOS DE ADORAR ANTES DE INTERCEDER

La adoración es el código secreto que abre las puertas de cielo y nos da acceso al lugar de nuestra bendición.

Además de estar primero en el orden de oración que nos dejó el Maestro, es en el momento de la adoración cuando recibimos las estrategias de guerra que luego estaremos utilizando para elevar nuestras plegarias al cielo. Hay situaciones en nuestra vida que solo son resueltas a través de la adoración.

Ejemplo de esto lo encontramos en el libro de Josué. El pueblo de Israel no derribó las murallas de Jericó orando sino adorando. Cuando entramos en la presencia en adoración estamos reconociendo el poder y la majestad de Dios para obrar sobrenaturalmente en nuestra situación.

La adoración además crea una atmósfera de milagros y liberación. Cuando adoramos en espíritu y verdad el Espíritu de Dios se hace manifiesto. La manifestación del Espíritu significa que toda su esencia, lo que El es, se suelta a nuestro favor.

A través de nuestra adoración también abrimos los cielos. Cielos abiertos significan fluir de revelación. Los misterios del reino nos son revelados. Cielos abiertos además significa libre acceso al padre, cero oposición para enviar peticiones y para recibir respuesta.

Es también a través de la adoración cuando los ángeles del reino de la luz son desatados a favor nuestro.

En conclusión la adoración es el lenguaje del cielo. La Biblia nos enseña que día y noche los veinticuatro ancianos le adoran (Ver Apocalipsis 4).

Para eso fuimos creados, para adorarle. Recuerden que somos un espíritu que tiene un alma y que vive dentro de un cuerpo. Nuestro espíritu, que es nuestro verdadero yo, le pertenece al padre y retornara a Él cuando nuestro cuerpo mortal muera. (Eclesiastés 12:7)

Por lo tanto el mejor estado de nuestro espíritu es cuando está en adoración. La adoración es el punto de conexión entre nuestro espíritu y el Espíritu del Padre.

A menudo escucho personas decir: "Es que trabajo tanto que a veces quiero adorar pero estoy tan cansado...". La Biblia dice que debemos *"sacrificar alabanzas"* (Salmo 50:14). David también expresó: *"no daré sacrificio a Dios que no me cueste nada"* (1 Crónicas 21:24). Recordemos que la adoración es una ofrenda que damos a Dios y toda ofrenda requiere de algún grado de sacrificio.

También es probable que la razón por la que hay personas que sienten que están muy cansadas para entrar en adoración sea porque necesitan acercarse más a Dios en adoración, para que las estrategias de cómo tener éxito y distribuir mejor su tiempo les sean reveladas.

Esto es parte del trabajo del Espíritu Santo. Cuando dejamos que Él se comunique con nuestro espíritu a través de la adoración, El se encarga de revelarnos todo lo que necesitamos para tener una vida exitosa.

DAR GRACIAS, UN ARMA DE GUERRA

"Dad gracias en todo, porque esta es la voluntad de Dios, para con vosotros en Cristo Jesús" (1 Tesalonicenses 5:18)

Este es uno de los versos más mal interpretados de las sagradas escrituras. Todos alguna vez hemos sido objeto de enseñanzas distorsionadas basadas en ese verso como "no llores, no trates de cambiar las circunstancias, hay que dar gracias a Dios por todo, hasta por las tragedias".

Esa interpretación nos ha hecho adoptar una posición conformista y pasiva frente a los sucesos que acontecen a nuestro alrededor. Coloca a Dios en una posición de verdugo. Un Dios cruel que nos hiere constantemente y como respuesta a nuestra aflicción espera que le demos gracias. Esto no es cierto. Esa no es la imagen de Dios. ¡Todo lo contrario!

¿A qué pues nos referimos cuando hablamos de dar gracias a Dios como un arma de guerra? En el antiguo testamento era muy común que el pueblo de Dios hiciera altar y diera gracias o adorara después de Dios haberles concedido alguna victoria o contestado alguna petición. Tenemos por ejemplo el caso de Noé cuando Dios preservó su vida y la de su familia durante el diluvio. Una vez pasada la tormenta lo primero que hiso Noé fue construir un altar y dar gracias (adorar).

"Y edifico Noé un altar a Jehová, y tomó de todo animal limpio, y de toda ave limpia, y ofreció holocausto en el altar" (Génesis 8:20)

Abraham también construyó altar para dar gracias después que Dios le dijo que haría de su descendencia una gran nación. (Génesis 13:18)

David también construyó altar y utilizó la adoración como arma de guerra para detener la mortandad en su pueblo que vino como consecuencia de él haber censado al pueblo y desobedecido a Dios. (1 Crónicas 21:22-24).

El construir altar y dar gracias a Dios es una práctica que se remonta a los tiempos del antiguo testamento. El poder de esta práctica radica en que cuando damos gracias estamos reconociendo que hemos recibido algún favor inmerecido de alguien.

Espiritualmente hablando entendemos que el dar gracias a Dios es un arma de guerra espiritual poderosa por varias razones. En primer lugar cuando damos gracias nos despojamos de todo crédito, entendemos que no ha sido con nuestra propia fuerzas, sino que alguien más lo hizo por nosotros. Esto es una forma de adoración.

Pero donde deseo llegar no es solo al hecho de dar gracias, sino al de dar *gracias en adelanto*. O sea antes de ver la manifestación visible de nuestra respuesta. El secreto de adorar a Dios en adelanto consiste en que hacerlo es un acto de Fe a través del cual le decimos a El que confiamos en lo que El nos ha dicho. Aun sin haber visto nada todavía.

Dar gracias o adorar en adelanto también es un acto que denota revelación sobre la omnipotencia de Dios. Estamos reconociendo que el futuro no existe en El. Que El es un eterno presente. Con esto reafirmamos además que El no nos ve como estamos ahora. El ve en nosotros el producto terminado (Salmos 139:16).

Las Sagradas Escrituras declaran que somos linaje escogido, real sacerdocio, nación santa, pueblo adquirido por Dios (1 Pedro 2:9). O sea en los ojos de Dios no seremos real sacerdocio. ¡Ya lo somos! El no necesita que lleguemos al cielo a reinar con El para vernos así. ¡Para El ya está hecho!

Otro aspecto poderoso del dar gracias en adelanto es que en medio de un ambiente de Fe los espíritus de dudas, miedo, angustia, desesperación, etc., se atan, no pueden operar. Dar gracias en adelanto además activa el don de fe que está en nosotros y eso provoca que la mano de Jehová se mueva a nuestro favor. Recuerden que nada mueve más rápido y efectivamente la mano de Dios a nuestro favor que la Fe.

Dar gracias o adorar en adelanto además acelera y desata nuestra respuesta.

Toda victoria es precedida por un evento de adoración. La adoración en adelanto es la que acelera nuestra victoria.

El acto de Fe que envuelve el adorar o dar gracias antes de ver la manifestación de nuestra petición en el mundo físico es lo que mueve la mano de Dios a nuestro favor. Volvamos a las Sagradas Escrituras, a la historia de Ana la madre de Samuel:

"Y levantándose de mañana, adoraron delante Jehová, y volvieron y fueron a su casa en rama. Y el cana se llegó a Ana su mujer y Jehová se acordó de ella. Y al cumplirse el tiempo, dio a luz a su hijo". (1 Samuel 1:19-20)

Ana era una mujer estéril. No podía tener hijos. Sin embargo, cuando ella recibió la palabra profética de parte de Eli, ella no esperó hasta ver la manifestación de esa palabra para adorar o dar gracias. Ella adoró en adelanto *"y Jehová se acordó de ella"*. ¡Su adoración provocó su respuesta!

Como no la iba a recordar Jehová a Ana si todavía el olor fragante de su ofrenda (adoración) estaba fresco en la presencia de Dios. La Biblia dice que Dios hace memoria de nuestras ofrendas. (Salmos 20:3).

Otro que adoró en adelanto y aceleró su victoria fue Gedeón.

"Cuando Gedeón oyó el relato del sueño y su interpretación, adoró y vuelto al campamento de Israel, dijo: levantaos, porque Jehová a entregado el campamento de Madian en vuestras manos" (Jueces 7:15)

Cuando Dios le dijo a Gedeón que le entregaría la victoria sobre sus enemigos, los madianitas, el no esperó hasta ver la manifestación visible de lo que Dios le había prometido para adorar. Dice La Palabra que tan pronto el escuchó hablar sobre su victoria, subió al campamento y le dijo a los miembros de su ejército *"levántaos, porque Jehová ha entregado el campamento de madian en nuestras manos"* (Jueces 7:15).

Y dice La Palabra que Gedeón siervo de Dios y su ejército tomaron de sorpresa a sus enemigos. Los atacaron de repente cuando ellos aun dormían. Su adoración aceleró su victoria. Toda gran victoria es precedida por un evento de adoración.

La victoria de Gedeón no sucedió cuando ellos vencieron a los madianitas. Sucedió cuando él creyó en lo que Dios le había prometido y adoró en adelanto y esa adoración desató su victoria.

Nunca podrás ver tu victoria en el mundo físico si no la vez primero en el mundo espiritual.

EL AYUNO

"Pero, este género no sale, sino es con ayuno, y oración". (Mateos 17:21)

La Biblia establece una clara diferencia entre el ayuno y la oración. Usualmente el ayuno ha sido definido como la abstinencia de alimentos. Aunque actualmente este término ha sido extendido a otros tipos de abstinencias: abstenerse de hablar negativo, abstenerse de alguna práctica pecaminosa o destructiva en la cual se ha sido recurrente, etc..

La práctica del ayuno era muy común al inicio de la iglesia. Con el paso de los años esta práctica ha ido perdiendo fuerza y vigencia. Esto debido en parte al desconocimiento de su importancia, las complicaciones de la vida diaria y a la concepción que predomina en los creyentes de muchas de las iglesias de hoy de que ya Cristo se sacrificó por nosotros para que nosotros no tengamos que sacrificar nada.

La cual es otra verdad a medias. Es cierto que Jesús a través de su muerte en la Cruz pagó el precio de nuestra salvación, redención, sanidad, liberación, paz, prosperidad, etc. De eso estamos seguros. Pero esa era la parte que le correspondía a Jesús hacer. Pero nosotros los que deseamos recibir lo beneficios de ese sacrificio también tenemos nuestra asignación. La parte que nos toca hacer como co-partícipes de ese pacto.

Esa parte que nos corresponde es obedecer a Dios y su palabra. Dentro de la serie de mandatos que debemos obedecer está el ayuno.

Uno de los motivos por los cuales el Señor Jesucristo vino a la tierra y se humanizó fue para servirnos de modelo. El modelo perfecto a emular.

Esa fue una de las razones por las que vino en carne. Vino a habitar entre nosotros, bajo las mismas circunstancias humanas para enseñarnos con el ejemplo que se puede vivir en el mundo, dentro de un cuerpo humano, rodeado de tentación, y con todo y eso serle fiel a Dios.

Otro ejemplo que nos dio nuestro Señor Jesucristo en caminar por la tierra fue el de orar y ayunar. Ejemplo de esto lo encontramos en el evangelio donde se relata la historia de un joven lunático que fue traído a Jesús por su padre. El padre le cuenta a Jesús que antes de llevarle a su hijo para ser sanado, él se lo había llevado a los discípulos de Jesús y ellos no habían podido liberarlo. Entonces Jesús le dijo a sus discípulos, que *la razón por la que no pudieron liberar a ese joven, era por su poca fe y le continúo diciendo que ese género no salía sino era con ayuno y oración.* (Ver Mateos 17:14-21)

La oración sola no es suficiente para enfrentar ciertos niveles de fortalezas espirituales. Se necesita reforzar la oración con el ayuno. El ayuno nos empodera. Nos da poder sobre espíritus inmundos y situaciones que no pueden ser resueltas si no es a través del ayuno.

Esto no significa que el precio de nuestra autoridad y poder sobre las fuerzas del mal no haya sido pagado por Jesús a través de su muerte en la cruz. Lo que significa es que es a través del ayuno y la oración que somos transferidos y empoderados por el Espíritu Santo con ese poder que Jesús compró en la cruz.

El ayuno además eleva a nuestro espíritu por encima de nuestra humanidad. La necesidad que tenemos los seres humanos de alimento no es de nuestro Espíritu, es de la carne. Dios no se comunica con nuestra carne sino con nuestro espíritu. Por eso se hace necesario, si queremos tener una vida victoriosa como creyentes, que nuestra carne (humanidad) se sujete a nuestro espíritu y no a la inversa.

Cuando ayunamos aprendemos a sujetar nuestra carne y sus deseos que son *muerte y destrucción (Santiago 1:15)* y colocamos a nuestro espíritu, que es el que está estrechamente ligado al Padre, en posición de preeminencia o autoridad.

EL AYUNO COMO
ARMA DE GUERRA

El ayuno además es un arma de guerra espiritual poderosísima que podemos usar como creyentes y/o intercesores en diferentes circunstancias. Entre ellas cuando nos encontramos frente a una situación difícil o dolorosa.

Retornando a nuestro modelo perfecto, Jesús, la Biblia nos cuenta sobre la oración en el Getsemaní, justo antes de ser crucificado. Mientras oraba le hizo una petición bien interesante a su Padre cuando dijo: *"si quieres, pasa de mi esta copa" (Lucas 22:42).*

En otras palabras quiso decir "estoy débil, con mis propias fuerzas no puedo, necesito tu ayuda".

Jesús oró en su momento de mayor debilidad, enseñándonos con esto que la oración no solo nos da poder y autoridad sino que también nos fortalece en nuestros momentos de debilidad.

Es importante además destacar que la última parte de esa oración de Jesús dice: *"pero que no se haga mi voluntad, sino, la tuya (Lucas 22:42).* Quiso decir "estoy débil, a mi humanidad le aterroriza la idea de morir pero pido que tu voluntad sea la que predomine".

Precisamente ese es otro de los beneficios del ayuno: el traer la voluntad de Dios a nuestra vida.

O sea traer su reino a la tierra a través de nosotros. El ayunar hace que nuestro espíritu entre en un nivel de intimidad con el Padre que nos hace más receptivos a escuchar su voz. La razón por la que somos más receptivos cuando ayunamos es porque estamos sujetando nuestra carne, absteniéndola de una de sus grandes necesidades, el alimento.

El ayuno también es un arma poderosa contra el **enemigo** para desatar la **justicia** de Dios a nuestro favor, cuando el enemigo se levanta contra nosotros y nos encontramos en aflicción, cuando somos oprimidos injustamente. La biblia nos muestra varios ejemplos de hombres y mujeres de Dios que ayunaron con el propósito de que Dios le hiciera justicia contra el enemigo, entre ellos David quien declara:

"Se han aumentado más que los cabellos de mi cabeza, los que me aborrecen sin causa, se han hecho poderosos mis enemigos, los que me destruyen sin tener por qué....lloré afligiendo con ayuno mi alma...." (Salmos 69:4-10)

En ese salmo David le decía al señor: "mira cómo se han levantado contra mí, cómo me aborrecen sin causa y me destruyen si tener por qué". O sea David estaba haciendo uso del ayuno para pedir justicia frente a Dios contra el acoso del enemigo.

El ayuno además desata nuestra victoria. Veamos el ejemplo de Esther. La Biblia nos dice que cuando la Reina Esther se enteró de que su vida y la de su pueblo estaban en peligro, ella convocó ayuno.

Convocó un tipo de ayuno colectivo. Todo un pueblo ayunando por un propósito. (Esther 4:16)

Esther necesitaba una gran victoria. Por lo tanto ella no se conformó con solo presentarse a Dios en oración sino que utilizó el ayuno como arma de guerra para desatar su victoria. Pero eso no se quedó ahí. La historia relata que la misma trampa del enemigo de Esther y de su pueblo Dios la utilizó para hacerlo caer a él y a su familia. (Esther 7:10)

El ayuno **revierte los planes del enemigo.** El ayuno turba a nuestros adversarios y trastorna los planes de quienes se han levantado en nuestra contra. También a través del ayuno nos son reveladas las trampas del enemigo en contra de nuestra vida.

El ayuno también nos empodera de las estrategias de guerra que nos van a guiar a obtener nuestra victoria. Fue durante ese tiempo de ayuno cuando a la reina Esther le fueron reveladas las estrategias que posteriormente le dieron la victoria sobre su oponente. (Esther 5)

Por todas esas razones es que el reino de las tinieblas se opone a que ayunemos. El tratará de impedir a todo costo que nuestro espíritu se comunique con el espíritu del padre. El Diablo tratará de alejarnos de todo lo que nos da poder o incrementa ese poder del cual ya somos partícipes a través de la muerte de Jesús en la cruz.

Por eso es que se hace determinante que todo creyente y/o intercesor que desee vivir una vida victoriosa conozca y haga uso de esa arma poderosa que es el ayuno a fin de que el cuerpo de Cristo sea empoderado y podamos cumplir con la gran comisión que nos dejó el Maestro y con ello empujemos al Diablo a su final.

LOS DECRETOS COMO ARMA DE GUERRA

Cuando decretamos estamos ordenando o estableciendo. Los decretos eran muy comunes en los tiempos bíblicos. En aquellos tiempos los decretos eran dictados por los reyes cuando querían establecer una ley o dar una orden. Cuando ellos querían que esas órdenes dictadas a través de esos decretos no pudieran ser revocadas las firmaban con el anillo real.

Nosotros como pueblo de Dios también podemos hacer uso de los decretos.

En el principio de la creación las palabras eran utilizadas más para crear que para comunicarse. Es más. Todo cuanto existe fue creado por la palabra, la palabra de Dios (Génesis 1:2,3)

Nosotros como hijos de Dios tenemos su mismo ADN espiritual por lo tanto poseemos el mismo poder para establecer, decretar, crear, etc. a través de nuestras palabras. Las Sagradas Escrituras nos enseñan que nosotros los creyentes nos encontramos sentados en *"lugares celestiales junto al padre"*. (Efesios 2:6)

O sea que nos encontramos en lugar de gobierno. El hecho de estar sentados en un lugar de gobierno con el Padre nos da poder y autoridad sobre aquellas cosas que están bajo el gobierno del Padre y consecuentemente bajo nuestro gobierno.

"Mas vosotros sois linaje escogido, real sacerdocio, nación santa, pueblo adquirido por Dios para que anunciéis las virtudes de aquel que os llamó de las tinieblas a su luz admirable." (1 Pedro 2:9)

Desde esa silla de autoridad y gobierno donde nos encontramos no solo podemos pedirle al Padre, quien es nuestro superior inmediato sino que también podemos operar dentro del nivel de autoridad que envuelve nuestro gobierno. Eso es precisamente lo que hacemos a través de los decretos proféticos. Utilizamos esa autoridad que ya tenemos en Cristo Jesús para producir cambios sobre personas, naciones, ministerios, etc.

Cuando establecemos un decreto sobre una vida, nación o ministerio estamos estableciendo las verdades, leyes y normas que rigen nuestro reino sobre dichas circunstancias con el objetivo de crear un nuevo orden o diseño.

DECRETO PROFÉTICO PARA PRODUCIR ROMPIMIENTO

Yo soy bendito (a) en la ciudad, bendito en el campo. Yo soy cabeza y no cola. Estoy encima de las naciones y no debajo.

Declaro que la lluvia de Jehová es traída a mi tierra a su tiempo y que toda obra de mis manos es bendita (Deuteronomio 28:12).

Declaro que el fruto de mi vientre es bendito, que mi tierra es fructífera, que mi despensa es provista de todos buenos frutos.

Decreto conforme a Deuteronomio 28:6 que soy bendito en mi entrar, bendito en mi salir. Soy bendecido en la tierra que Jehová me ha entregado por herencia.

Conforme a Levítico 26:6 hablo paz sobre mi tierra, paz sobre mis sueños, paz sobre mis emociones.

Profetizo multiplicación sobre mis finanzas, sobre mis negocios, éxito sobre mis proyectos y que recibo ahora todo lo que Jehová dijo me sería entregado.

Declaro que sobreabundo en bienes y que mi familia y yo comemos del fruto de la tierra hasta saciarnos (Levítico 26:9-10).

Ordeno conforme a Génesis 1:3 que sea la luz sobre mis pensamientos, sobre mis proyectos, sobre mis decisiones.

Establezco una alianza divina entre mis pensamientos y el plan perfecto de Dios para mí.

Declaro que los tesoros del reino me son entregados. Que los cielos son abiertos a mi favor por lo tanto prestaré a muchas naciones y no pediré prestado.

Mis enemigos serán derrotados por Jehová. Por un camino vendrán contra mí y por siete huirán de delante de mí. (Deuteronomio 28:7)

Declaro y decreto que habito seguro en esta tierra, que el **mal no toca mi casa** (Levítico 26:5-6). Que la enfermedad no **toca mi cuerpo** ni a las personas que amo.

Establezco que soy exaltado sobre todas las naciones de la tierra. Que el favor y la gracia de Dios me acompañan siempre y que todas las bendiciones de Jehová mi Dios me alcanzan a mí y a mi casa.

ORACIÓN DE BENDICIÓN O BENDICIÓN PROFÉTICA

"Porque muy cerca de ti está la palabra, en tu boca y en tu corazón, para que la cumplas. A los cielos y a la tierra, llamo hoy por testigo hoy contra vosotros, que os he puesto delante la vida y la muerte, la bendición y la maldición; escoge, pues, la vida para que vivas tú y tu descendencia" (Deuteronomio 30:14 y 19.)

Ese tipo de oración, se encuentra dentro de la Intercesión Profética. Es parte del amplio repertorio que posee esta poderosa arma de guerra espiritual.

Hacemos uso de oración de Bendición o Bendición Profética cuando establecemos decretos o palabra de bendición sobre la vida de una persona proféticamente.

En los tiempos bíblicos ese tipo de oración era conocida como la bendición patriarcal. Esta era establecida por una persona de autoridad en la familia, generalmente el abuelo o el padre cuando este envejecía o se encontraba bajo alguna amenaza de muerte.

El padre o patriarca establecía la palabra de bendición sobre la generación subsiguiente. Generalmente sobre el hijo mayor, quien además sería una especie de sucesor.

"Y el le dijo he aquí ya soy viejo y no sé el día de mi muerte. Hazme un guisado para que coma y te bendiga en presencia de Jehová, antes de que yo muera" (Génesis 27:2 y 7)

Estas fueron las palabras dichas por Isaac a su hijo mayor Esaú.

Aunque en este caso no fue el hijo mayor quien obtuvo la bendición de Isaac porque su hijo menor, Jacob le hizo una mala jugada a su hermano Esaú. (Génesis 27)

Sin embargo el peso de la oración de bendición o la bendición profética no fue alterado. Isaac estableció decretos proféticos de bendición sobre la vida de Jacob que a lo largo de su vida se pusieron de manifiesto.

Isaac no habló sobre la vida de su hijo lo que ya estaba establecido. Llamó a la existencia lo que todavía no existía. Convirtió sus deseos en decretos de bendición con el objetivo de que estos se establecieran en la vida de Jacob.

Esta fue la oración de bendición pronunciada por Isaac a favor de su hijo Jacob:

"Dios pues te dé el rocío del cielo, las grosuras de la tierra, y abundancia de trigo y mosto. Sírvante pueblos, y naciones se inclinen a tí, sé señor de tus hermanos, y se inclinen ante tí los hijos de tu madre. Malditos los que te maldijeren, y benditos los que te bendijeren." (Génesis 27:28-29)

Esto que hizo Isaac en esta oración o Bendición Profética es precisamente lo que hacemos a través de la oración de bendición. Utilizamos nuestra autoridad como hijos de Dios y coherederos de la promesa divina para llamar a la existencia las cosas que no existen con el objetivo de que lo que todavía no es se establezca.

Hacemos uso de la misma autoridad que utilizamos para cancelar los planes del reino de las tinieblas pero de forma inversa: para bendecir la vida de una persona o nación.

Si volvemos nuestra atención por un momento al ministerio de nuestro maestro Jesús, notaremos que El también en su caminar por la tierra hizo uso de su autoridad como hijo de Dios de formas diversas.

El mismo Jesús que bendecía a los niños en el templo maldijo al árbol de higuera estéril para que se secara. Utilizó también esa autoridad que operaba en El para sanar, echar fuera demonios, etc.

Era la misma autoridad pero en distintos ángulos y adaptada a diferentes escenarios.

A través de la oración de bendición o bendición profética también activamos los planes de Dios sobre una vida o nación.

A través de ella además sustituimos los decretos de muerte y destrucción establecidos por el reino de las tinieblas sobre una persona o país por decretos de vida y bendición.

ORACIÓN DE PACTO

Este tipo de oración ha sido bien utilizada por los hombres y mujeres de Dios a través de la Biblia. Este tipo de oración generalmente iba precedida de la oración de ruego o de la oración apelativa.

La oración de pacto sucede cuando nos presentamos a Dios en oración y convertimos nuestra petición en una ofrenda que desate nuestra respuesta.

David estuvo pidiéndole a Dios que lo librara de sus enemigos, que peleara por él:

"Disputa oh Jehová con los que contra mi contienden pelea contra los que me combaten, echa mano al escudo y al pavés y levántate en mi ayuda. Saca la lanza sierra contra mis perseguidores y di a mi alma; yo soy tu salvación. Sean avergonzados y confundidos a una los que buscan mi vida para destruirla, sean avergonzados y vueltos atrás los que mi mal intentan." (Salmos 35:1-4)

Este salmo nos muestra de forma bien explícita cuál era la petición de David ante Dios, cuáles eran sus deseos. También nos muestra, por la forma tan descriptiva de su petición, lo necesitado que él estaba de que su respuesta se manifestara.

Entonces David cambia su oración y le añade un ingrediente nuevo: **el pacto.** El le promete algo a Dios si Dios trae cumplimiento o respuesta a su petición.

"Señor ¿hasta cuándo verás esto? Rescata mi alma de sus destrucciones, mi vida de los leones. Te confesaré en grande congregación, te alabaré entre numeroso pueblo". (Salmos 35:17-18)

Lo que David le decía a Dios en otras palabras era: "si me libras de mis enemigos, si respondes esa petición que tengo sometida frente a ti, en recompensa, voy a confesar tu nombre frente a todo el pueblo, y voy a testificarle al mundo de tu grandeza".

David cambió su oración de ruego, apelativa y de guerra por la oración de pacto, dejándole saber a Dios cómo la respuesta a su petición podía beneficiar el avance del reino de Dios.

Otro personaje bíblico que utilizó la oración de pacto fue Jacob cuando tomó la bendición de su hermano Esaú y tuvo que huir a tierra desconocida por temor a que su hermano lo matara. (Génesis 27:41)

Durante la huida de Jacob en un momento se sintió cansado y decidió dormir en un lugar llamado Bet-el. Nos narran las Sagradas Escrituras que mientras dormía en aquel lugar Dios se le apareció en sueños.

"He aquí Jehová estaba en lo alto de la escalera, el cual dijo: yo soy Jehová, el Dios de Abraham tu padre, y el Dios de Isaac; la tierra en la que estas acostado te la daré a ti y a tu descendencia". (Génesis 28:13).

Esta era la primera vez que Jacob se exponía a la voz de Dios, a una experiencia con Dios de forma directa. Vemos por la narración que Jacob sí lo conocía, pero como el Dios de sus padres. Dios tuvo que explicarle quién era El. Ese Dios que era de alguna forma *nuevo* para El, le estaba haciendo unas promesas extraordinarias:

"Será tu descendencia como el polvo de la tierra, te extenderá al occidente y al oriente, al norte y al sur, y todas las familias de la tierra, serán benditas en ti y en tu simiente. He aquí estoy contigo, y te guardaré donde quiera que fueres, y volveré a traerte a esta tierra, porque no te dejaré hasta que haya hecho lo que he dicho" (Génesis 28:14-15)

Una vez Jacob escuchó las promesas que Dios le estaba haciendo dice La Palabra que hizo pacto o voto delante de Dios.

Utilizó la oración de pacto para sellar la promesa o la palabra profética recibida de parte de Dios para su vida, y dijo:

"E hizo Jacob voto con Dios diciendo: si fuere conmigo, y me guardare en este viaje, en que voy, y me dieres pan para comer, y vestido para vestir, y si volviere en paz a la casa de mi padre, Jehová será mi Dios" (Genesis 28:20-21).

En otras palabras Jacob quiso decir: "esta es mi primera experiencia contigo, nunca te había tratado tan de cerca pero si todo esto que me has prometido se manifiesta, yo a cambio, dedicaré mi vida a servirte".

Este relato bíblico de la vida de Jacob nos presenta otro ángulo de la oración de pacto. Nos muestra que esta también puede ser utilizada para sellar una promesa o una palabra profética recibida de parte de Dios.

Otro ángulo bíblico de la oración de pacto es el que observamos en la oración de Ana, la madre del profeta Samuel.

La Biblia nos relata que ella era estéril, que no podía concebir hijo. Esta situación la angustiaba terriblemente. Era una deshonra ser estéril en aquellos días.

La historia nos cuenta que Ana oraba constantemente por esa petición. En ocasiones se derrumbaba en llanto mientras oraba. (1 Samuel 1:10)

Pero un día ella se levantó y cambió su oración de ruego y súplica a Dios por una oración de pacto. Cambió su petición en ofrenda con el objetivo de desatar su respuesta.

"E hizo voto diciendo: Jehová de los ejércitos, si te dignares a mirar a la aflicción de tu sierva, y te acordares de mí, y no te olvidares de tu sierva, sino que dieres a tu sierva un hijo varón, yo lo dedicaré a Jehová todo los días de su vida, y no pasará navaja en su cabeza" (1 Samuel 1:11)

Ana le dejó saber a Dios como su respuesta a esa petición que ella tenía iba a beneficiar al reino. También le dejó saber a Dios que esa respuesta a su petición no solo sería de bendición para ella sino que sería también de bendición para otras personas.

A través de estos ejemplos bíblicos podemos observar los diferentes usos de este tipo de oración: para sellar una promesa de Dios o palabra profética, para manifestar la respuesta a una petición estancada, para acelerar nuestra respuesta.

LA ORACIÓN DE RENUNCIA

La oración de renuncia es una de las oraciones fundamentales que todo intercesor debe conocer. La oración de renuncia es una pieza modular en liberación.

Renunciar significa rechazar, desligarse, desvincularse de algo o alguien.

A menudo encontramos en nuestras iglesias personas que son salvas, pero no libres.

La salvación la obtenemos desde el momento en que aceptamos a Jesús como señor y Salvador. Pero la liberación se obtiene a través de la renuncia. El aspecto de la liberación ha sido objeto de confrontación en muchos de los creyentes de hoy en día.

Si la Biblia nos enseña que la salvación y el perdón de nuestros pecados se obtienen por la confesión y la aceptación no sé porque se les hace tan difícil a algunas personas creer en que la liberación también se obtiene a través de la renuncia, la cual también es un acto de confesión.

Una renuncia efectiva se da cuando se confiesa el pecado, se toma la responsabilidad sobre él, se le pide perdón a Dios y se renuncia, se desliga de cualquier condenación que los espíritus asociados a ese pecado quieran traer a la vida de esa persona y/o a su descendencia.

La oración de renuncia no se limita a los pecados cometidos por la persona que hace el acto de renunciar. También incluye a los pecados ancestrales cometidos por nuestros antepasados o personas de autoridad sobre nuestra vida. Por ejemplo hay familias que han operado bajo yugo de idolatría (santería, hechicería, etc.) por generaciones.

Una vez que toda esa generación haya muerto sin conocer a Jesús, sin haber pedido perdón o sin haber confesado esos pecados, esa maldición de idolatría comienza a operar o a hacerse activa en las generaciones subsiguientes.

Se necesitaría entonces de alguien perteneciente a esa misma línea genealógica que haya recibido a Jesús en su corazón para que confiese y pida perdón a Dios por esos pecados ancestrales y cancele la operación de los espíritus inmundos a su apellido.

Esto explica en parte la razón por la que existen tantos pecados recurrentes operando en la iglesia. Personas con grandes llamados, grandes ministerios pero atadas por espíritus de lascivia, masturbación, mentira, crítica, orgullo, etc. Ministros que le sirven al Señor con todo su corazón en el área de la pastoral pero atados a la pornografía.

Aman a Dios, desean servirle, tienen un llamado al ministerio, pero no son libres. No han renunciado a esos espíritus ni han dado los pasos necesarios para su liberación. Esto no necesariamente porque no deseen ser libres, sino porque en muchos de los casos desconocen los beneficios de la liberación y cuán eficaz puede ser esta para la vida del creyente. Muchos piensan que todo lo que necesita el creyente para ser libre es recibir a Jesús. Se olvidan de que parte del proceso de recibir a Jesús es confesar nuestros pecados, renunciar, apartarnos de ellos y desligarnos. La Biblia nos dice: *"el que confiesa y se aparta alcanza misericordia."* (Proverbios 28:13)

Es parte del trabajo del intercesor traer revelación al pueblo de Dios y empoderar al creyente a operar en la autoridad que nos ha sido delegada por el Padre a través del Espíritu Santo para atar y desatar las obras del reino de las tinieblas.

LOS ESPÍRITUS DE INIQUIDAD

Inicuo significa cruel, injusto, y desigual. El espíritu de iniquidad es otro de la larga lista de espíritus del reino de las tinieblas que operan a través de generaciones.

Creo que todos alguna vez nos hemos preguntado el por qué de ciertos fenómenos que observamos en algunas familias. Personas que nacen con deformaciones físicas, homosexuales, lesbianas, etc.

A veces vienen de hogares cristianos. Hay pastores que se preguntan el por qué de la homosexualidad de su hijo si ellos les sirven al Señor y le han dado un buen ejemplo.

Los espíritus que operan a través de maldiciones de iniquidad son bien sutiles. En ocasiones ni siquiera nos percatamos de su operación. Esos espíritus además van en incremento.

David cometió adulterio y fornicación cuando se acostó con la mujer de su mejor amigo. Ese pecado de adulterio lo llevó posteriormente a planificar y ejecutar la muerte de su amigo. Ammón, su hijo fue más allá que David. No solo fornicó. También violó a su hermana. Su otro hijo Salomón incurrió en la idolatría (Ver 1 Reyes 11).

A esto nos referimos cuando decimos que esos espíritus van en incremento. Pongamos otro ejemplo. Si su abuelo tenía problemas o atracción incontrolable a mirar mujeres que no era su esposa, y codiciarlas pero sin allegarse a ellas físicamente, ese mismo espíritu va a operar en su padre, pero con mayor alcance. Su padre no solo va a mirar mujeres y a codiciarlas sino que es posible que incurra en la masturbación.

Luego ese mismo espíritu que operaba en su abuelo y en su padre va a operar en usted (hijo-nieto) no solo a través de miradas lujuriosas y masturbación. Lo empujará al acto pecaminoso de la consumación carnal, es decir al adulterio o fornicación.

Esos mismos pecados a su vez atraerán a otros espíritus asociados como la homosexualidad, lesbianismo, alcoholismo, etc. Esos pecados traen consecuencias. El alcoholismo por ejemplo: ingerir alcohol durante el embarazo puede causar deformación en el feto. Cuántas veces hemos culpado a Dios cuando vemos deformaciones físicas sin darnos cuenta de que no es Dios. Son consecuencias de nuestros propios pecados. Por eso la insistencia de Dios de que nos mantengamos lejos del pecado. Para que no tengamos que sufrir esas consecuencias tan dolorosas.

Los pecados operan en cadena y asociaciones y se profundizan de generación a generación. Por eso la necesidad de la oración de renuncia guiada por el intercesor. Porque nos permite desligarnos de esos espíritus y prohibirles operar en nuestra descendencia.

ORACIONES DE RENUNCIAS; QUEBRANTANDO MALDICIONES GENERACIONALES Y HERENCIA DE INIQUIDAD

1) Señor Jesús pido perdón por todos los pecados cometidos desde el momento de mi concepción hasta el día de hoy. Pido perdón por cualquier puerta abierta al enemigo que le ha dado derecho de ejercer algún tipo de maldición en mi vida.

Renuncio a todo castigo provocado por el reino de las tinieblas a raíz de esas puertas abiertas.

2) Renuncio a toda obra de la carne, idolatría, ira, contiendas, pleitos, enemistad, celos, disensión, envidia, homicidios, mentiras, murmuración, herejías, idolatría, adulterios, fornicación, lascivia, orgías, borracheras, inmundicia, hechicería, brujería y toda obra de la carne.

Con este acto le quito el derecho al enemigo de operar en mi vida a través de puertas abiertas.

3) Pido perdón por cada pecado cometido por mis antepasados, por cada ofensa contra ti Señor y corto toda herencia de maldición. ¡Le ordeno ser seca ahora de raíz en el nombre de Jesús!

4) Renuncio a toda maldición asociada a pecado ancestral y quebranto la operación de los espíritus asociados enviados a mi vida a ejercer esa maldición.

5) Rompo todo pacto establecido conciente o inconcientemente con el reino de las tinieblas a través de música pactada, masonería, meditación trascendental y por todo pecado accedido a través del oído.

¡Declaro que se rompe ahora! Hecho fuera de mi vida para siempre a todo espíritu asociado a ese pacto.

6) Renuncio a toda práctica de inmoralidad sexual y a los espíritus asociados a esa práctica: orgías, incestos, fantasías sexuales, pedofilia, violaciones, bestialismo, fetichismo, exhibicionismo, necrofilia, etc. (Confiese por nombres las que usted ha cometido y pida perdón).

Corto de raíz con toda maldición activa en mi generación por prácticas sexuales pecaminosas cometidas por nuestros ancestros ó por mí. (Si usted nació de una relación de fornicación donde sus padres no estaban legalmente casados pida perdón por ellos y desliguese de todo castigo que haya enviado el enemigo a su vida por haber abierto esa puerta). Los echo fuera de mi vida y mi generación para siempre. ¡En el nombre de Jesús!

7) Renuncio y seco de raíz toda idolatría que ha operado en mi vida por generación. Echo fuera a los espíritus asociados al: adulterio, fornicación, pornografía, adicciones a mujeres y /o hombres, drogas, juegos, etc., vicios, alcoholismo, masturbación, enfermedades. (Mencionar las enfermedades que operan en su familia y confiese por nombres los pecados de ese tipo que ha cometido. Pida perdón).

Pido perdón por todo acto de idolatría ancestral. Cierro toda puerta abierta por esos pecados y le quito el derecho al enemigo de operar en mi vida y en mi descendencia a través de esos pecados.

8) Renuncio a toda raíz de amargura y a los espíritus asociados a esa maldición: odio, rencor, falta de perdón, críticas, condenación, señalamientos, sed de venganza, maldiciones, angustia, tristeza, lástima de sí mismo o auto compasión, quejas, lloros inexplicables etc.

Pido perdón por la falta de perdón y pecados relacionados que le abrieron la puerta a la raíz de amargura y espíritus asociados. Hoy los saco de mi vida. No los acepto. Les quito toda autoridad para operar y les prohíbo regresar. ¡Nunca Más!

9) Corto toda raíz de ocultismo y renuncio a todos los espíritus asociados a ese pecado: brujería, santería, hechicería, pactos de sangre, rosa cruz, control mental, pobreza, escape financiero, falta de prosperidad, desiertos eternos, robos, bloqueo financiero, miseria, iniquidad, enfermedades congénitas, deformaciones físicas, esterilidad, etc. (Si ha cometido alguno, especifique y pida perdón).

Pido perdón por toda práctica de ocultismo cometida por mis antepasados. Me desligo de todo castigo enviado por el reino de las tinieblas a mi vida por haber abierto esa puerta. Echo fuera de mi vida ahora a todo espíritu enviado a ejercer esa maldición en mi vida y mi generación sin derecho a regresar, ¡nunca más!

10) Renuncio a todo espíritu de enfermedad física hereditaria traída a mí por maldiciones ancestrales. Quebranto toda maldición asignada a mi apellido para traer enfermedades y muerte temprana. La echo fuera sin derecho a regresar ni a ser transferida a mi descendencia.

11) Renuncio a todo espíritu de desenfreno: ninfomanía, adicciones sexuales, fantasías obscenas, homosexualismo, lesbianismo, lujuria, lascivia, prostitución, bisexualismo, ritos sexuales y a todo espíritu que opera a través de los sueños. Ato todo espíritu incubo y súcubo y les prohibo operar a través de mis sueños. Los echo fuera de mi vida y mi descendencia sin derecho a regresar nunca más.

12) Quebranto toda maldición de

ENFERMEDAD MENTAL y echo fuera de mi vida los espíritus asociados. Espíritu de depresión, esquizofrenia, demencia, epilepsia, alzhéimer, ansiedad, paranoias, alucinaciones deliríos de persecución, fobías, insomnios, terrores nocturnos, psicosis, etc.

Pido perdón por todo pecado ancestral q le dio legalidad a esos espíritus para operar en mi generación. ¡Los echo fuera para siempre ahora! Les prohibo operar en mi descendencia.

13) Renuncio a todo trastorno del CARACTER y me desligo de todo juicio que haya traído el enemigo a mi vida a través de esos espíritus. Renuncio a los espíritus de violencia, ira, agresividad, dureza, inseguridades, miedos a tomar decisiones, fantasías, enojos maldiciones, juicios, críticas, censura, altivez, inmadurez mental, inconstancia,

obsesión, espíritu de desánimo, pereza, doble ánimo, negligencia, autosuficiencia, terquedad, aislamiento.

Pido perdón por los pecados que abrieron esa brecha y cierro toda puerta abierta al enemigo para ejercer esas maldiciones. ¡Lo echo fuera de mi vida sin derecho a regresar nunca más!

14) Rompo con toda maldición asociada a desórdenes NERVIOSO y ALIMENTICIOS: anorexia, bulimia, glotonería, ataques de pánico, ataques de histeria, fobias nerviosas, ideas suicidas, insomnios, sueño excesivo, alucinaciones visuales y/o auditivas, pesadillas, miedos a la obscuridad, a estar solo, al futuro, al fracaso, a la muerte, etc.

Renuncio a ellas. No las recibo en mi vida y ordeno que se seca de raíz en el nombre de Jesús.

15) Renuncio a todo espíritu de REBELION, de rebeldía, conflicto, guerra, crítica, contienda, manipulación, queja, egoísmo, soberbia, injusticia, cauterización mental, desobediencia,, auto justificación, egolatría, espíritu de sordera espiritual, orgullo, indiferencia, vanidad, hipocresía, superioridad, división, envidia, engaño, avaricia, codicia, falta de sometimiento a la autoridad, autosuficiencia. (Pida perdón si ha operado inducido por esos espíritus).

Los echo fuera de mi vida y mi generación. Los sujeto a la autoridad de Jesucristo.

16) Renuncio a todo espíritu asignado a mi vida a ejercer BLOQUEO MENTAL: confusión, turbación, opresión mental, dudas, autocrítica, visión de túnel, sentimientos de culpa, pensamientos tormentosos, incredulidad, sentimientos de fracaso, ideas de automutilación, pensamientos bloqueados o sensación de no poder pensar con claridad, inundación de pensamientos o muchos pensamientos interactuando juntos al mismo tiempo, sensación de enloquecer, frustración, soledad.

Pido perdón por toda acción pecaminosa que le haya abierto las puertas a esos espíritus. ¡Me desligo ahora, les ordeno abandonar mi vida para siempre y les prohíbo tocar mi generación en el nombre de Jesús!

17) PASOS PARA LA LIBERACIÓN

A) Entrar en la Presencia humillados.

B) Exaltar al Padre, reconocer su grandeza y decirle lo que Él significa para ti.

C) Pedir perdón por los pecados cometidos por nuestros ancestros o personas inmediatas de autoridad en nuestras vidas: padres, abuelos, bisabuelos etc.. Pedir perdón por los pecados propios.

D) Renunciar a esos pecados.

E) Echar fuera en el nombre de Jesús a todo espíritu asociado a ese pecado para siempre.

F) Cerrar toda puerta abierta por esos pecados.

COMO MANTENER LA LIBERACIÓN

A) Una vez cerrada la puerta debemos tratar de no cometer los mismos pecados.

B) Si llega a cometer uno de los pecados que ya renunció debe pedir perdón inmediatamente y echar fuera los espíritus asociados a ese pecado.

C) Si algún pensamiento del pasado aflora a su mente ¡rechácelo inmediatamente!

D) Reprenda inmediatamente cualquier sentimiento de que Dios todavía no lo ha perdonado. Es pecado pensar eso.

E) Hable positivo.

F) Bendiga a las personas en todo tiempo.

G) Es necesario para mantener la liberación ayunar mínimo una vez por mes. Es recomendable para todos los cristianos.

H) Lea La Palabra diariamente y medite en ella.

APRENDIENDO A OPERAR LAS ARMAS DE GUERRA

"Porque las armas de nuestra milicia no son carnales sino espirituales y poderosas en Dios, para la destrucción de fortaleza". (2 Corintios 10:4-6)

En un ejército no todas las armas operan bajo el mismo sistema ni producen el mismo efecto. Existen armas de destrucción masiva, armas nucleares, explosivos, ametralladoras, tanques, aviones de ataque aéreo etc.

Cada una de esas armas de guerra es usada según la necesidad, la dimensión o el área de ataque. Aunque cada una de esas armas son importantes y muy efectivas no todas tienen la misma capacidad de alcance ni son utilizadas para la misma misión.

Lo mismo sucede con las armas de guerra espirituales que como creyentes tenemos a nuestra disposición. Cada una de ellas debe ser utilizada por el intercesor para operar según la necesidad, el área de ataque y la dimensión de la influencia demoníaca. Esto sin restarle importancia a ninguna de ellas.

Es importante destacar que al igual que en el ejército terrenal, estas armas no nos servirían de nada si no sabemos cómo operarlas.

No importa cuán poderosas sean. Es necesario que primeramente seamos entrenados y aprendamos a manejar esas armas para que puedan surtir el efecto deseado.

Podría ser sumamente peligroso el tratar de operar armas de destrucción masiva sin el debido entrenamiento. Podría producir un efecto contrario al deseado.

Como creyentes intercesores o futuros intercesores contamos con una gran variedad de armas espirituales que el padre ha puesto a nuestra disposición. Dichas armas ya nos fueron entregadas. También nos fue entregada a través de la muerte de nuestro Señor Jesucristo la autoridad para operarlas. Ahora nos toca a nosotros aprender cómo operarlas por mediación del Espíritu Santo.

El primer paso que debemos dar en nuestro intento es conocer la importancia de cada arma, saber para qué sirve.

El segundo paso es conocer su nivel de alcance, o sea la dimensión en la que puede ser operada.

Tercero debemos saber bajo cuáles circunstancias la podemos utilizar.

A menudo vemos personas haciendo uso de la oración de ruego. Piden, claman, lloran en oración pidiéndole al Señor por sus finanzas y todo pareciera indicar que el Señor no las escuchara. Después de mucho tiempo orando por la misma situación y sin obtener ninguna respuesta aparente de parte del Dios terminan perdiendo la confianza en la eficacia de la oración y su fe se debilita. No se percatan de que están utilizando el arma de guerra espiritual equivocada.

Están utilizando la oración de súplica o ruego cuando el arma que deberían utilizar es la oración de renuncia. O sea renunciar a todo espíritu ancestral asignado a su generación a traer miseria, pobreza, escasez, etc.

Otras veces vemos a creyentes orando por personas poseídas por demonios o influenciadas por algún espíritu del reino de las tinieblas, hacer uso de la oración de renuncia la cual es un arma de guerra poderosa pero mal empleada o empleada de forma equivocada.

Lo correcto en ese caso sería hacer uso del poder que ya nos ha sido entregado y ejercer autoridad sobre todo espíritu que opera en esa vida en el nombre de Jesús a través de la oracon de guerra.

La Biblia en el libro de Hechos nos da un gran ejemplo de cómo operar en esas circunstancias. Ese pasaje relata la historia de un joven endemoniado que fue traído a Jesús. Cuando Jesús se acercó a aquel joven no comenzó a orar por él ni a ponerlo a renunciar. Jesús hizo uso de la autoridad que en El operaba y echó fuera a esos espíritus que lo afligían. (Hechos 9:14)

Es importante aclarar que Jesús no solo les dijo sal fuera, sino que llamó a esos espíritus que operaban en ese joven por su nombre. "Espíritu sordo y mudo". Es fundamental el que a la hora de utilizar esta arma de guerra mencionemos por nombre a esos espíritus que atan esas vidas.

Podemos identificar los nombres de esos espíritus conforme a su operación. Insomnio, locura, delirio, cáncer, etc. El hecho de llamar a esos espíritus por nombre es parte del utilizar correctamente esta arma de guerra espiritual.

También es importante mencionar que en el reino de las tinieblas existen diferentes géneros o rangos demoníacos y que la forma de contratacar su ataque es utilizando el arma correcta dependiendo del género, rango o área de ataque.

El joven endemoniado que fue llevado a Jesús por su padre fue llevado antes a los discípulos de Jesús y ellos no pudieron liberarlo. Entonces Jesús les dijo a sus discípulos que la razón por la que no pudieron liberarlo fue porque este género solo sale con ayuno y oración (Marcos 9:29)

En otras palabras les dijo que ese era un rango mayor y distinto y no habían obtenido el resultado esperado porque estaban usando el arma incorrecta.

Otro error que a menudo cometemos los creyentes es que oramos y oramos por situaciones de amigos o familiares que ya han recibido a Jesús pero que están bajo ciclo de maldición. Personas que están en *desiertos eternos* o personas que desde que los conocemos están enfrentando los mismos gigantes y por más que oramos todo continua igual.

Debemos de cambiar de armadura y empezar a utilizar la armadura correcta. Esta sería hablarle a ese amigo o familiar de la necesidad de quebrantar maldiciones generacionales que operan en su vida y lo mantienen reincidiendo en ciertas prácticas que han creado en su vida un ciclo de maldición o iniquidad que le impide ver la respuesta de sus peticiones.

"Si en mi corazón hubiese yo mirado a la iniquidad, el señor, no me habría escuchado." (Salmo 66:18)

"DEMANDA TERAPEUTICA"

Donde realmente radica la importancia es en explicarle a la persona sobre la necesidad de primero ser libre.

Dentro de la psicología contamos con el término *demanda terapéutica*. Este se refiere a la actitud proactiva, diligente y cooperadora de querer ser sano que adopta el paciente una vez que descubre y acepta su enfermedad.

En liberación sucede de forma similar. La persona necesitada debe desear ser libre.

Jesús en muchas ocasiones antes de sanar a alguien le preguntaba "¿quieres ser sano?" Cuando la persona le respondía "si quiero" entonces el milagro se producía (Juan 5:6).

Esa actitud proactiva de la persona en necesidad es determinante en los procesos de liberación y oraciones de renuncia. El hecho de reconocer que necesita ser libre significa que la persona en necesidad reconoce que se encuentra bajo un yugo de opresión. Esa actitud además denota que la persona reconoce que necesita ayuda. En los procesos de liberación es sumamente importante el que sea la persona en necesidad quien le otorgue el *derecho legal* a Dios de operar en su vida a través del Espíritu Santo.

Otra manera de operar incorrectamente las armas espirituales que tenemos a nuestra disposición es cuando oramos por naciones o territorios atados por prostitución, lesbianismo, alcoholismo, etc. Pasamos años solo utilizando la oración de súplica o de rendición, que de hecho son armas de guerra poderosísimas. Sin embargo el arma adecuada debiera ser la intercesión profética para atar la influencia de esos espíritus que operan en esa nación o territorios y declarar o establecer decretos proféticos que invaliden los decretos previamente establecidos por el reino de las tinieblas.

CADA INTERCESOR TIENE SU ASIGNACIÓN

Al igual que en el ejército terrenal cada soldado tiene su asignación, el ejército espiritual opera de forma similar. Cada uno de los intercesores deberá manejar el arma en la que ha sido entrenado.

Los salmistas o adoradores proféticos en el canto. Los que han sido entrenados en la oración de guerra o intercesión profética, liberación, etc., cada uno en su área. Es trabajo del intercesor encargado del ejército en operación recibir las estrategias de guerra de parte del Espíritu Santo y dictarlas al pueblo.

Contrario a lo que se pensaba anteriormente, todos los intercesores sí pueden operar en una misma misión y al mismo tiempo. Esto siempre y cuando estén siendo dirigidos por el intercesor encargado, ya que podría provocar cierto caos y confusión si varias personas están dictando pautas al mismo tiempo.

O sea todos los intercesores pueden estar operando al mismo tiempo, en una misma misión, con diferentes armas de guerra pero dirigidas al mismo objetivo. Destronar a las fuerzas de las tinieblas y establecer el reino de Dios en la tierra.

Permítanme darles un ejemplo personal. En una ocasión fui invitada por una familia que tenía la necesidad de ser libre. Eramos un grupo de intercesores y como era costumbre decidí ayunar con mi equipo de intercesores por tres días antes de la cita. Cuando llegamos a nuestro destino entramos a la casa y comencé a asignarle a cada intercesor su lugar.

Generalmente cuando llegamos a una casa o a un lugar determinado con la intención de operar liberación sobre una persona o familia no recomiendo que los intercesores entren en conversación extendida.

Esto por varias razones. En primer lugar la Biblia dice que *"en las muchas palabras no falta pecado" (Proverbios 10:19).*

Segundo, cuando nos involucramos en conversación a veces nos extendemos y perdemos el enfoque de lo que fuimos hacer. Tercero, al igual que el ejército natural debe seguir las instrucciones de su capitán, nosotros también, como guerreros del Señor, cuando nos encontramos en el campo de batalla, listos para operar nuestras armas de guerra, necesitamos seguir Instrucciones de nuestro capitán a través del Espíritu Santo.

No podremos escuchar al Espíritu Santo si no prestamos la atención necesaria a sus instrucciones. Regresando al punto de cuando estaba asignando a cada intercesor a su lugar de ataque, les pedí a los salmistas que comenzaran a cantar. Les indiqué además que una vez iniciara el proceso de liberación continuaran cantado pero en voz baja. Además asigné a un intercesor en cada esquina de la casa para que se mantuvieran intercediendo durante todo el proceso. También asigné a otros intercesores para que estuvieran solo adorando, estos estarían caminando de un extremo al otro del hogar.

Mientras que el resto de los intercesores estarían asistiéndome en la liberación, sosteniendo a las personas cuando cayeran bajo el poder del Espíritu Santo, ayudándome a estabilizar a otros que caían bajo posesiones demoníacas, asistiéndome en las oraciones de renuncia, etc. ¡Eramos todo un ejército operando en el mismo lugar, al mismo tiempo! Bajo el mismo poder pero con asignaciones distintas.

Es necesario una vez más recalcar el hecho de que en el amplio mundo de la intercesión no todas las armas de guerra espiritual aplican en todos los casos. A veces no recibimos respuestas a nuestras oraciones porque estamos utilizando el arma incorrecta.

Hay momentos en que nos derramamos delante de Dios en lágrimas y súplica pidiendo en oración por algún milagro. Pero hay otros momentos en que nos debemos levantar, secar nuestras lágrimas y hacer uso de la autoridad que nos ha sido entregada decretando la palabra y ordenarle a toda situación operada por el reino de las tinieblas ser quebrantada ahora, en el nombre de Jesús.

APRENDIENDO A PROFETIZAR

"....Y profeticé como se me había mandado, y entró espíritu en ellos y vivieron..." (Ezequiel 37:10)

Profeta significa anunciador, proclamador. La palabra profetizar es definida como predecir, revelar algo antes de que acontezca. Esa definición, por mucho tiempo nos dio una concepción limitada acerca de la labor o función de un profeta.

Limitó la labor profética al solo hecho de predecir las cosas que van a suceder y traer a la luz situaciones pasadas en la vida de las personas cuando en realidad la labor del profética es mucho más amplia.

Si un profeta es un anunciador todos en algún momento de nuestro caminar con Dios hemos ejercido el ministerio profético. Todos de alguna forma u otra hemos anunciado las buenas nuevas del Evangelio o por lo menos le hemos compartido a alguien del amor de Jesús.

Aunque todo esto es parte del ministerio profético este no se queda ahí. El acto de profetizar no es solo prevenir o predecir el futuro. También es declarar, establecer una verdad de Dios sobre una mentira del reino de las tinieblas. Profetizar es además llamar a la existencia, dar vida a propósitos en personas, proyectos, ministerios y situaciones muertas o detenidas en la vida de personas o naciones.

Veamos el ejemplo Bíblico de Ezequiel. El fue llevado por el Espíritu al valle de los huesos secos y Jehová le preguntó *"¿vivirán esos huesos?"*. El profeta Ezequiel le contestó *"no lo sé solo tu Jehová lo sabes"*. Entonces Jehová le dijo *"profetiza sobre esos huesos y diles oíd palabra de Jehová"*. (Ver Ezequiel 37)

Aquellos huesos estaban secos, sin vida. Sin embargo Dios le dijo a Ezequiel "establece una verdad espiritual sobre esta física y ¡cámbiala!" Dicen Las Escrituras que después del profeta Ezequiel haber profetizado sobre esos huesos Dios obró.

"Así ha dicho Jehová, pondré mi Espíritu sobre vosotros y viviréis". (Ezequiel 37:5)

Y mientras el profeta Ezequiel todavía no había terminado de profetizar se oyó un estruendo y *"los huesos secos se juntaron y tomaron vida"*. (Ezequiel 37:7)

Mientras Ezequiel profetizaba y decretaba la palabra sus decretos se hacían realidad, eran establecidos. El profeta Ezequiel no estaba prediciendo el futuro de esos huesos. El estaba decretando, cambiando una realidad física por una verdad espiritual y como habría de esperarse esa verdad espiritual prevaleció.

Al igual que Ezequiel todos hemos sido empoderados por Dios y tenemos la autoridad para profetizar sobre nuestras circunstancias. A veces vivimos toda una vida de mediocridad física y/o espiritual porque constantemente estamos dependiendo de otras personas para que profeticen sobre nuestras circunstancias, desconociendo que tenemos el poder para establecer palabras de bendición que produzcan cambio. A eso estamos llamados a *"declarar lo que no es como si fuese"* (Romanos 4:17)

No debemos además fundamentar nuestras creencias únicamente en lo que percibimos en el mundo físico, sino renovar nuestra mente y entender que *"no andamos por vista, sino, por Fe"*. (2 Corintios 5:7)

No dejes que las circunstancias determinen tu fe. Deja que tu fe cambie tus circunstancias.

Es importante además que tengamos claro y entendamos que tenemos más poder que el que el enemigo nos ha hecho creer.

Cuando la Biblia en Génesis dice que Dios creó al hombre y lo enseñoreó sobre todo lo creado quiere decir muchos más que seamos la *obra maestra de Dios*.

Enseñorear denota dominio, posesión, por encima de, gobierno, etc. Ese acto de enseñorear al hombre sobre todo lo que existe, lo explica mejor David:

"....Le has hecho poco menor que los ángeles, lo coronaste de gloria y de honra, le hiciste enseñorear sobre las obras de tus manos. Todo lo pusiste debajo de sus pies, ovejas, bueyes, todo ello, y así mismo las bestias del campo, las aves de los cielos, los peces del mar, todo cuanto pasa por el sendero del mar." (Salmos 8:5-8)

Esa es la dimensión del dominio que nos fue concedido desde la creación y retomado hace más de dos mil años a través de la muerte de nuestro Señor Jesucristo. Dicho dominio constituye al hombre en un ser con habilidades especiales y lo sitúa en dimensiones extraordinarias de poder.

Es precisamente parte de esa autoridad la que ponemos en acción cuando decretamos.

A continuación algunos ejemplos de cómo profetizar:

"Profetizo que mis pensamientos, emociones y sentimientos son alineados ahora al plan perfecto de Dios para mi"

"Profetizo sobre tu vida que toda situación operada por espíritus malignos que te ha estado deteniendo de alcanzar tu destino es cancelada. ¡Ahora en el nombre de Jesús!

"Profetizo que todo poder de las tinieblas que ejerce autoridad sobre tu matrimonio es roto desactivado cancelado. ¡Ahora en el nombre de Jesús!"

"Profetizo paz sobre esta nación y establezco que las decisiones de sus gobernantes son alineadas al plan perfecto de Dios, que los corazones de sus ciudadanos son receptivos a la palabra ..."

Estos son solo algunos ejemplos de cómo podemos profetizar, dar vida o traer rompimiento a situaciones operadas por el reino.

Ahora la pregunta obligada entonces sería, ¿si Dios conoce las necesidades de las personas, naciones, etc., por qué para que la verdad del reino se active sobre esas circunstancias, necesitamos el decreto profético?

En primer lugar, cuando decretamos proféticamente hacemos uso de nuestra autoridad. Esto demanda el que primero tengamos conciencia de nuestra identidad, de quiénes somos en el reino y el nivel de poder que nos ha sido delegado.

En segundo lugar el hecho de decretar proféticamente es un acto de fe, cuando no somos movidos por lo que nuestros ojos físicos perciben sino por la verdad establecida por Dios a través de su palabra. Con ese acto estamos posicionando a Dios por encima de nuestras circunstancias.

"Como creyere será hecho" (Mateos 9:29)

¿Por qué como creyere? El acto de creer envuelve una serie de pensamientos y actitudes que están estrechamente relacionados a la Fe. El hecho de decretar proféticamente eleva a nuestra Fe a su punto activo.

Por eso la insistencia de Dios de enviar a Jonás a profetizar sobre Nínive (Jonás 3) o la insistencia de Dios de detener al profeta Balán cuando iba a maldecir a la ciudad de Israel (Números 22).

La próxima pregunta sería entonces, ¿por qué la necesidad de Dios de utilizarnos a nosotros para bendecir, establecer o decretar sobre personas, ministerios, naciones, etc.?

Esto es debido en parte a que en el mundo espiritual, tanto en el reino de la luz, al cual pertenecemos, como en el reino de las tinieblas, existen leyes o reglas. Tanto el Espíritu Santo como los espíritus malignos necesitan cuerpos humanos para operar a través de lo que se conoce como *derecho legal*. Damos *derecho legal* al Espíritu Santo de obrar en nosotros a través de la conversión. Damos derecho al reino de las tinieblas de operar en nosotros a través del pecado cuando pecamos y no pedimos perdón a Dios o cuando pecamos deliberadamente.

Otra razón por la que Dios nos usa a nosotros para operar en la tierra es porque ya El nos concedió el dominio y control sobre todo lo creado. Por lo tanto cuando Dios debe operar sobre eso que ya nos entregó necesita pasar por nosotros o que le demos el permiso o *derecho legal* para operar. Eso es precisamente lo que hacemos a través de la oración.

"La oración desata la habilidad de Dios en la tierra para hacer lo que El desea hacer". (Pastor Bill Winston)

¡Qué privilegio es para nosotros ser ese vaso en donde la gloria de Dios repose¡ El reino de Dios anda en búsqueda de cuerpos humanos para operar. Personas dispuestas a poner sus cuerpos al servicio del reino. Personas que acepten su identidad en Dios, que conozcan cuál es su lugar en el reino y sean concientes de la autoridad con la que han sido revestidos. Personas que no permiten que sus circunstancias les dicten qué hacer sino que cambian las circunstancias con su Fe.

El reino anda en busca de guerreros que no se dejen intimidar por las mentiras del ejército enemigo. Que establezcan la verdad de Dios sobre toda falsedad del Enemigo.

Intercesores que no estén en espera de otro guerrero que sí conoce su identidad y autoridad para que profetice sobre su vida, sino que entiendan que todos hemos sido empoderados por Dios para traer rompimiento sobre nuestra casa, familia, nación, etc.

Guerreros que saquen tiempo para intimar con el Espíritu Santo de Dios cada día. Hombres y mujeres que profeticen sobre sus hijos, salud, ministerio y sobre toda circunstancia que le sea contraria.

Finalmente, personas convencidas por el Espíritu Santo de que en nuestra boca está el poder de la vida y la muerte. De que todo lo que atamos en la tierra es atado en el cielo. Personas concientes de que el milagro de rompimiento, sanidad, liberación, etc. que tanto hemos esperado está en nuestra boca.

EL ROL DEL ESPÍRITU SANTO EN LA INTERCESIÓN

A pesar de haber crecido en un hogar pastoral, por mucho tiempo pensé que no necesitaba una relación con el Espíritu Santo. Que no era necesario establecer una relación de cercanía con El para tener una vida cristiana victoriosa. Esto era debido en parte a que nunca se nos enseñó que El era una persona.

Pensaba que por el hecho de llamarse Espíritu, El era solo eso, una fuerza o una energía. Era un Espíritu que venía sobre el creyente cuando este era bautizado y eso era todo. Pensaba además que no tenía que buscarlo sino que era responsabilidad de El venir a la vida de cada creyente a impartirles el don de lenguas.

Con el pasar de los años me di cuenta de que no estaba sola en cuanto a la percepción que tenía acerca del Espíritu Santo. Es sorprendente la cantidad de creyentes que piensan de la misma manera que yo pensaba.

El hecho de que el Espíritu Santo sea llamado la Tercera Persona de la Trinidad hace que muchos creyentes interpreten que El es el Tercero en jerarquía. Que el hecho de ser llamado la tercera persona de la Trinidad, establece un nivel Jerárquico que determina su poder, autoridad y posteriormente su importancia.

Siempre me preguntaba cuando escuchaba a ministros hablar sobre el Espíritu Santo: ¿por qué necesito hablar con la tercera persona de la Trinidad, cuando puedo hablar directamente con la primera?

Creo que esta es una de las preguntas que al igual que yo muchas personas se hacen. A medida que fui profundizando en el área de la oración e intercesión descubrí que la presencia del Espíritu Santo es indispensable para la vida del intercesor. Todo creyente necesita tener una relación con el Espíritu Santo pero es imposible operar en niveles alto de intercesión si no tenemos una relación de intimidad con El.

FUNCIONES DEL ESPÍRITU SANTO

Al principio les mencioné que muchos creyentes piensan que la única función del Espíritu Santo es impartir don de lenguas y consolarnos en los momentos difíciles. No se dan cuenta de que esas solo son dos de sus funciones.

También mencionamos que el Espíritu Santo no es una fuerza, ni una energía. Las Sagradas Escrituras dicen: *"no contristéis al Espíritu santo, con el cual fuisteis sellados para el día de redención"* (Efesios 4:30).

La palabra contristar viene de la palabra entristecer. La tristeza es una emoción y las emociones no existen en los objetos, ni en las energías, ni en las cosas. Las emociones existen en las personas. El Espíritu Santo es una persona.

Esta persona tiene varias funciones. Aparte de las que ya les mencioné el Espíritu Santo es también el que reparte los dones a la iglesia. Sin el Espíritu Santo la iglesia no podría operar en lo sobrenatural.

O sea no pudiéramos operar en milagros. El intercesor no podría ver el mundo espiritual porque el don de revelación no existiría. La palabra profética no existiría, El es quien la revela.

Sin el Espíritu Santo no sería posible vivir una vida conforme a la palabra de Dios porque El es quien moldea nuestra personalidad.

"Mas los frutos del Espíritu son amor, paz, paciencia, benignidad, bondad, fe, mansedumbre, templanza; contra tales cosas no hay ley" (Gálatas 5:22-23).

Todos los creyentes pasamos por situaciones difíciles en nuestra vida, por procesos. Los procesos son *desiertos* que debemos enfrentar en nuestro caminar con Dios. Todo hombre o mujer llamado a servir de alguna manera en el reino ha pasado o tendrá que pasar por esos momentos donde todo escasea. Somos probados en nuestras finanzas, personas se levantan en nuestra contra, perdemos amistades, etc.

En la Biblia podemos notar que fueron muchos los hombres de Dios que tuvieron que atravesar por esos momentos de pruebas y tribulaciones. David, quien pasó un largo tiempo huyendo de su enemigo Saúl tuvo que vivir escondido en una cueva para poder salvar su vida (1 Samuel 22).

Moisés pasó cuarenta años en el desierto liderando a un pueblo rebelde como muestra el libro de Éxodo.

Hubo muchos otros hombres y mujeres de Dios que atravesaron circunstancias similares.

En mi experiencia uno de los principales motivos por los que Dios nos introduce en esos *desiertos* es con la finalidad de moldear nuestro carácter. A veces tenemos grandes promesas de parte de Dios. Dios está listo para entregárnosla pero a menudo nuestro carácter no puede soportar la magnitud de la gloria que Dios nos quiere entregar.

Moisés en un momento de ira rompió las tablas de los diez mandamientos que Dios le había entregado (Exodo 32:19). David mató a tantas personas que Dios le dijo *"tienes demasiada sangre en tus manos, no podrás construir mi templo".* (1 de Crónicas 22:8).

A veces tenemos un fuerte llamado de parte de Dios y un corazón dispuesto a servirle. Poseemos un gran potencial pero tenemos problemas de carácter. Nos airamos con facilidad, somos impacientes, ansiosos, rencorosos, vengativos, avaros, envidiosos, hipócritas, doble ánimo, perezosos, inconformes, temerosos, inseguros, mentirosos, etc.

Dios necesita que todas esas obras de la carne mueran, en el *desierto* antes de introducirnos a nuestra *tierra prometida*. Es trabajo del Espíritu Santo lidiar con todas esa obras de la carne y problemas de carácter.

Los frutos del Espíritu están asociados al carácter, al comportamiento. Esos frutos a su vez son contrarios a las obras de la carne. (Gálatas 5:21-22)

La evidencia de que el Espíritu Santo mora en la vida de un creyente son esos frutos.

No podemos recibir todo lo que soñamos recibir de parte de Dios hasta no parecernos a la persona que El soñó que fuéramos.

Por eso es indispensable que le permitamos al Espíritu Santo entrar y transformar esas aéreas de nuestra vida donde necesitamos su pronta intervención.

¿POR QUE NECESITAMOS PERMITIRLE AL ESPÍRITU SANTO OPERAR EN NUESTRA VIDA?

A menudo escucho esta pregunta: ¿Si el Espíritu Santo fue enviado a nuestra vida para estar con nosotros siempre por qué tengo que permitirle obrar en mí? Al principio les mencioné algo sobre las reglas que existen en el mundo espiritual.

Tanto en el reino de las tinieblas como en el reino de la luz existe un principio llamado *legalidad* o *derecho legal*. Esto es el permiso concedido por un ser humano, conciente o inconcientemente, a un espíritu ya sea del reino de la luz o de las tinieblas de operar sobre nuestra vida.

Dios en su infinito amor por sus criaturas está ansioso de entrar en nuestros corazones y de que seamos salvos. Pero no es hasta que le aceptamos como nuestro Señor y Salvador cuando El entra a nuestras vidas. Dios no nos impone su voluntad. A través de la conversión le damos el *derecho legal* a Dios de entrar en nuestra vida.

"He aquí estoy a la puerta y llamo, si alguno oye mi voz y abre la puerta, entraré al, y cenaré con él, y él conmigo." (Apocalipsis 3:20)

Lo mismo sucede con la oración. Muchos creyentes se preguntan por qué orar si Dios conoce nuestras situaciones antes que se la digamos. Sabe de qué tenemos necesidad. Eso es muy cierto, pero aplica el mismo principio.

Solo a través de la oración le damos el *derecho legal* a Dios de intervenir sobrenaturalmente en nuestra situación.

Podemos concederle una legalidad inconsciente al reino de las tinieblas para operar en nuestra vida cuando esas *puertas de legalidad* han sido abiertas por nuestros ancestros, padres abuelos, etc.

Como ya les había mencionado, las maldiciones ancestrales son prácticas pecaminosas cometidas por nuestros ancestros o personas de autoridad en nuestra vida que no fueron confesadas ante Dios en arrepentimiento y que a raíz de eso repercuten en las generaciones posteriores.

Esas prácticas pecaminosas que no fueron confesadas les abren puertas o le dan *legalidad* los espíritus asociados a esa maldición de operar en la descendencia.

"No te inclinarás a ella ni la honrarás, porque yo Jehová tu Dios, fuerte y celoso, que visitó la maldad de los padres sobre los hijos, hasta la tercera y cuarta generación de los que me aborrecen." (Exodo 20:5)

Es también parte del trabajo del intercesor traer rompimiento a esos ciclos de maldiciones o herencia de iniquidad.

EL ROL DEL ESPÍRITU SANTO EN LA LIBERACIÓN

Estos ciclos de maldiciones generacionales son rotos en la vida del creyente a través de renuncias y a través de pedir perdón a Dios por esos pecados cometidos por la persona y/o sus antepasados.

Pedir perdón a Dios significa primeramente reconocer que pecamos. El acto de confesar nos hace aceptar nuestra culpabilidad y especificar nuestra falta para entonces recibir el perdón de parte de Dios.

"Si confesamos nuestros pecados es fiel y justo para perdonar nuestros pecados y limpiarnos de toda maldad." (1 Juan 1:9)

Renunciar significa desligarse, dejar de pertenecer, dejar de practicar algo. La importancia de la renuncia en los procesos de liberación es que *"el que confiesa y se aparta, alcanzará misericordia"* (Proverbios 28:13).

EL PERDÓN

Este es un acto de suma importancia en los procesos de liberación por varias razones.

En primer lugar la falta de perdón es uno de los pecados con más espíritus asociados. La falta de perdón opera en las personas en asociación con el rencor, el odio, resentimiento, dureza, irritabilidad, desconfianza, ira, crítica, contienda y amargura entre otros.

Las personas que no han perdonado no pueden tener una vida cristiana victoriosa porque sus intercesiones no pasan del techo. El que no ha perdonado no puede disfrutar de los beneficios de la intercesión.

"Por lo tanto si traes tu ofrenda al altar y allí te acuerdas que tu hermano tiene algo contra ti, deja allí tu ofrenda delante del altar, y reconcíliate primero, con tu hermano, y entonces ven y presenta tu ofrenda." (Mateos 5:23-24)

Otro motivo por el que como intercesores debemos prestar singular atención a la falta de perdón es porque la persona que no ha perdonado no puede recibir liberación, ni siquiera puede ser salva. La Biblia dice que si no perdonamos a nuestros hermanos sus ofensas, Dios no nos perdona (Mateos 6:14-15).

!Si no somos perdonados por Dios no podemos ser libres, tampoco salvos! Es el perdón de Dios lo que nos hace merecedores de la vida eterna. Todo esto que les acabo de mencionar es trabajo del Espíritu Santo en nosotros.

Por eso se hace indispensable la guía, dirección, unción, poder, autoridad, sustento, sabiduría y fortaleza que nos imparte el Espíritu Santo cuando tenemos una vida de intimidad con El para poder realizar este ministerio de intercesión con éxito.

Cuando invitamos al Espíritu Santo a nuestra vida y establecemos una relación de intimidad con El le damos el *derecho legal* de tomar el control de todas las áreas de nuestra vida donde necesitamos su ayuda.

AMANDO A NUESTROS ENEMIGOS

"Oíste que fue dicho amarás a tu prójimo y aborrecerás a tu enemigo, pero yo os digo amad a vuestros enemigos y bendecid a los que os maldicen, haced bien a los que os aborrecen y orad por los que os ultrajan y os persiguen." (Mateos 5:43-44)

Creo que ese es uno de los mandamientos de Jesús que más injusto nos parece a nosotros como creyentes. A hecho a personas preguntarse ¿por qué debo amar a quienes me odian y bendecir a quienes me maldicen? y considerar que quizás sería más justo si Jesús nos instruyera ignorar a nuestros enemigos.

De esa manera no los estaríamos odiando pero tampoco tendríamos el deber de cumplir con esa difícil tarea de *"amarlos y bendecirlos"*.

Es importante mencionar que una de las misiones de Jesús al venir a la tierra fue traer un *nuevo modelo* de vida. Distinto a los cánones de leyes éticas y morales de su época. Uno de sus principales objetivos era traer otro gobierno. Eso implicaba un cambio de mentalidad en las personas.

"Oíste que fue dicho diente por diente, y ojo por ojo, pero yo digo..."

Esa expresión en el libro de Mateos denota la misión de Jesús de establecer el gobierno de su padre en la tierra. (Mateos 5:43)

No solo a las personas del tiempo de Jesús les resultaba difícil el asimilar las particularidades de sus enseñanzas y el *modus operandi* de ese gobierno que intentaba establecer. También nosotros, los de este siglo, a veces tenemos ciertas dificultades interpretando sus enseñanzas.

Les confieso que esa porción de las Sagradas Escrituras también me inquietó por mucho tiempo. No la entendía. Siempre nos es difícil comprender aquello que es contrario a los deseos de la carne. Pero un día después de haber agotado un tiempo de oración con Dios el Espíritu Santo habló a mi espíritu y me dijo: "*Sabes por qué demando de mi pueblo el que amen y bendigan a sus enemigos?Para que el reino de las tinieblas no tenga argumentos para acusarles.*"

Recordemos la historia de Job cuando Satanás fue al cielo y trató de cuestionar la lealtad de Job hacia Dios con el objetivo de tener algún argumento para acusarle. Algo más me habló el Espíritu Santo. Me dijo: "*Recuerda que una de las facetas de Dios es de juez justo.*

Cuando oramos presentamos nuestro caso delante de El. Como juez justo El empezará a evaluar nuestro caso y una vez que encuentra nuestro *record* limpio, o sea que ninguno de los argumentos que hay en nuestra contra pueden ser sostenidos, entonces El falla a nuestro favor.

"*....porque Jehová tiene juicio contra las naciones; el es juez de toda carne...*" (Jeremías 25:31)

Cuando oramos por aquellos que nos hacen la guerra pidiendo a Dios por justicia y nuestro Padre que está en los cielos ve que lo único que hemos hecho en contra de los que nos hieren y nos persiguen es amarlos y bendecirlos, entonces el Padre nos dará conforme a como hemos pedido.

Otro motivo para amar a nuestros enemigos es que ellos son los que nos impulsan a alcanzar nuestro destino profético. ¿Se ha puesto a pensar cómo sería nuestra vida sin oposición, sin enemigos o gigantes que vencer?

Son precisamente los enemigos los que nos acercan a la presencia de Dios en solicitud de ayuda. Ellos nos motivan a orar más, a ayunar, etc. También los enemigos hacen que descubramos nuestro potencial.

Cuando escuchamos lo que los enemigos dicen acerca de nosotros casi siempre pensamos que ellos están equivocados. Ese hecho nos motiva a demostrarle al mundo lo contrario de lo que se comenta.

EL ENEMIGO NOS LLEVA A DESCUBRIR NUESTRO POTENCIAL

"Mientras él hablaba con ellos, he aquí aquel paladín que se oponía entre los campamentos y se llamaba Goliat, salió de entre las filas de los filisteos y habló las mismas palabras y los oyó David" (1 Samuel 17:23)

David, el salmista, había sido ungido por el profeta. Dicen las Sagradas Escrituras que desde aquel día en adelante el Espíritu de Jehová vino sobre David (1 Samuel 16:23). Sin embargo David continuaba siendo un simple pastor de ovejas. Nada había cambiado en su vida.

El desconocía el propósito de Dios para su vida. El estaba ungido, Dios tenía planes con El, tenía el potencial pero no lo había explotado hasta que escuchó las palabras de su enemigo:

"Goliat salió de enfrente de la filas de los filisteos, y habló las mismas palabras y los oyó David." (1 Samuel 17:23)

Fue entonces cuando David supo que tenía un potencial y dijo: *"tu siervo era pastor de ovejas y cuando venía león, oso, tu siervo lo mataba y ese filisteo incircunciso será como uno de ellos"*. (1 Samuel 17:36)

Dios venía preparando a David desde niño para ese momento pero no fue hasta escuchar la voz de su enemigo cuando sintió el desafío que le hizo descubrir su potencial y el propósito de Dios para su vida.

¿Cuál es la importancia de descubrir nuestro potencial?

Potencial es el talento sin descubrir o sin explotar. Cada ser humano que ha venido a esta tierra no ha venido por una simple casualidad. Cada uno ha venido con el propósito de cumplir una misión específica.

Una misión que solo esa persona puede cumplir porque solo esa persona ha sido empoderada, ungida por Dios para cumplirla.

"Mi embrión vieron tus ojos y en tu libro estaban escritas todas aquellas cosas si faltar una de ellas." (Salmo 139:16)

DESCUBRIENDO
NUESTRO POTENCIAL

Lo primero que debemos hacer para descubrir ese potencial es preguntarnos ¿qué tengo yo que me hace diferente, distinto a los demás? ¿Qué es eso que yo puedo realizar bajo menor grado de dificultad, sin que me cueste un gran esfuerzo? ¿Hablar, cocinar, cantar, ser líder de grupo, trabajar con niños, escribir, etc.?

Precisamente eso que podemos realizar de forma perfecta bajo el menor esfuerzo es nuestro potencial. El potencial fue el talento que Dios nos proveyó desde antes de nacer para garantizar el que fuéramos seres humanos exitosos.

Muchas veces nos toma tiempo descodificar esos códigos secretos que se encuentran en nuestro espíritu. A veces se encuentran escondidos detrás de ciertas circunstancias. David había sido empoderado por Dios para *matar gigantes*, conquistar reinos y liderar naciones. Sin embargo, estaba utilizando su potencial pastoreando ovejas.

APRECIANDO EL PROCESO

Con esto no quiero decir que fue incorrecto que David apacentara ovejas. A menudo cometemos el error de menospreciar el lugar donde nos encontramos y nos amargamos pensando en el lugar que debiéramos estar. Nos olvidamos de que Dios no es un Dios de eventos sino de procesos.

Llegar al descubrimiento y posterior explotación de nuestro potencial en el reino no sucederá de la noche a la mañana. Eso conlleva de un proceso.

El tiempo que David estuvo apacentando ovejas no fue en vano. David aprendió varias cosa que le sirvieron como plataforma para su próxima temporada.

Durante ese tiempo David aprendió a ser disciplinado, a tener paciencia, a utilizar su intuición o sentido común, a liderar multitudes, a matar gigantes, a pelear, a tener valentía.

Todas estas eran cualidades necesarias que debía desarrollar un buen pastor de ovejas pero al mismo tiempo eran cualidades que David necesitaba desarrollar para que el propósito de Dios de constituirlo en rey de Israel se cumpliera de forma exitosa. Dios lo estaba equipando, preparando.

El peligro que a veces enfrentamos cuando estamos en el proceso de ser equipados para recibir lo que Dios tiene para nosotros es que nos acomodamos a la situación. Nos acostumbramos y vemos las circunstancias que estamos viviendo como nuestro final sin enterarnos de que solo estamos de paso a nuestro destino.

El desierto no es nuestro final, solo estamos de paso a nuestra tierra prometida.

Aunque David amaba apacentar ovejas ese no era el plan definitivo de Dios para él pero el no lo sabía. Fueron sus enemigos los que lo llevaron a descubrir el plan de Dios para su vida y cuál era su destino.

LOS ENEMIGOS NOS LLEVAN A TOMAR DECISIONES

"Y su rival la irritaba, enojándola y entristeciéndola, porque Jehová, no le había concedido tener hijos" (1 Samuel 1:6)

Recordemos nuevamente la historia de Ana, la madre del profeta que ungió a David, Samuel. Ella era afligida constantemente por su enemiga, Penina. Dicen las escrituras que un día Ana se levantó y decidió tomar una decisión motivada por la burla de su enemiga.

Las palabras de crítica, arrogancia y censura de su enemiga fueron las que le dieron el coraje a Ana de tomar una decisión y acercarse a su Padre en oración para cambiar la situación.

"Mientras ella oraba largamente delante de Jehova..." (1 Samuel 1:12)

Lo que sucede con muchos de nosotros es que permitimos que la voz del enemigo nos intimide en vez de motivarnos. Esto lo hacemos porque a menudo olvidamos que el hecho de que esas personas sean *enemigas* significa que siempre dirán de nosotros lo contrario a lo que realmente piensan.

Otro punto importante es que nadie considera enemigo a alguien en el cual no ve algún potencial. Alguien dijo que la envidia es una admiración distorsionada o mal canalizada.

Volviendo nuevamente a la historia de Ana, la Biblia dice que el esposo de Ana tenía dos mujeres. Ana y Penina. El amaba a Ana y eso despertaba celos en Penina. Esto la convirtió en enemiga de Ana y al mismo tiempo en la que la empujó a alcanzar su destino de ser madre del profeta Samuel.

Dios va a utilizar a tus enemigos para motivarte a tomar decisiones que te van a transportar al nuevo nivel que Dios tiene preparado para ti. ¡Ámalos!

LOS ENEMIGOS TE ACERCAN AL DESTINO

"Cuando ellos lo vieron de lejos, antes que cuando llegara cerca de ellos, conspiraron contra el para matarle". (Génesis 37:18)

La mente humana tiene la capacidad de maximizar o minimizar situaciones. Como creyentes muchas veces les damos más poder a los enemigos sobre nuestra vida que el que Dios dice en su palabra que ellos tienen.

La Biblia en el libro de Génesis nos habla de José, quien tuvo unos enemigos poco comunes. Sus propios hermanos que por envidia conspiraron contra el para matarlo.

José fue objeto de varias acciones de parte de sus enemigos.

Primero lo tiraron en una cisterna para matarlo pero la cisterna estaba vacía. Luego fue vendido por sus enemigos, sus hermanos, como esclavo a unos ismaelitas. (Génesis 37:24-27)

Después de esto los ismaelitas lo vendieron en Egipto a Potifar, un oficial del faraón (Génesis 37:36). Una vez José en Egipto fue acusado falsamente por la esposa de Potifar, y fue encarcelado (Ver Génesis 39).

Cada situación en la vida de José parecía ser peor que la primera. Todo parecía indicar que los enemigos habían matado el sueño de Dios para la vida de José.

Me puedo imaginar que fueron muchas las interrogantes pasaron por la mente de José, sobre todo cuando estaba en la cárcel por algo que no cometió. Preguntas como:

¿Dónde quedó ese sueño que tuve cuando era niño, de que iba a reinar?

¿Por qué me pasan esas cosas a mí?

¿Por qué el mal triunfa sobre el bien?

¿Se habrá olvidado Dios de mí?

¿Habrá terminado aquí el propósito de Dios para mi vida?

¿Por qué tenemos que terminar así los que tratamos de serles fiel a Dios?

Posiblemente la angustia que le habían causado a José sus enemigos le impedían momentáneamente ver que sus enemigos no lo estaban venciendo. Que Dios solo lo estaba posicionando. Cada acción del enemigo contra José lo acercaban más y más al destino que Dios había preparado para él.

Quizás José en algún momento pensó que el tiempo que estuvo en el palacio de Potifar era ya el cumplimiento de lo que Dios le había mostrado a través de esos sueños. Sin embargo eso no era la consumación del plan de Dios para José. Era solo el entrenamiento que lo equiparía para el cumplimiento de propósito.

Dios siempre permitirá situaciones en nuestra vida para posicionarnos. ¡Identifícalas!

DIOS TE ESTÁ POSICIONANDO

Durante el tiempo que estuvo José en la prisión Dios le dio la sabiduría para interpretar varios sueños como parte del entrenamiento que le prepararía para el gran final. Cada una de las interpretaciones de José fueron certeras.

En esos días el faraón también tuvo un sueño y al no poder encontrar quien lo interpretara alguien sugirió llamar a José. Efectivamente José le dio la interpretación acertada al sueño del faraón. (Génesis 41). La historia relata que Dios no solo le dio a José la interpretación del sueño sino la solución al problema que ese sueño anticipaba.

Esto llevó a faraón a nombrar a José como gobernador de Egipto.

"Tú estarás sobre mi casa y por tu palabra, se gobernará todo mi pueblo, solamente en el trono, seré yo mayor que tú" (Génesis 41:40)

Esto dejó ver a que el acto vil de los enemigos de José de venderlo a Egipto por envidia solo lo estaba empujando al destino y propósito que Dios tenía para él. Cada acción mal intencionada de sus enemigos contra él lo acercaba más al trono.

Pienso que una vez posicionado José en el lugar que Dios tenía para él no hizo más que darle gracias a Dios por sus enemigos y ya no los vio más como enemigos. Los vio como parteros que lo ayudaron a parir o dar a luz el plan de Dios para su vida.

"Ahora pues, no entristezcáis, de haberme vendido acá, porque para preservación de vida, me envió Dios, delante de vosotros". (Génesis 45:5)

Los enemigos de José le hicieron conocer su propósito y su misión como gobernador. Le permitieron después descubrir el por qué Dios había destinado esa posición para él:

"Dios me envió delante de vosotros, para preservaros posteridad sobre la tierra, y para daros vida, por medio de gran liberación." (Génesis 45:7)

EL POR QUÉ DE LA LARGA ESPERA

"José se apresuró, porque se conmovieron sus entrañas, a causa de su hermano, y buscó donde llorar; y entró en su cámara y lloró allí" (Génesis 43:30)

A veces nos preguntamos el por qué de tantas situaciones difíciles antes de ver el plan de Dios cumplirse en nuestra vida. Al principio les dije que Dios era un Dios de proceso. Es precisamente en ese proceso, cuando estamos de camino a nuestro destino, cuando Dios *lima las asperezas* de nuestro carácter y *circuncida* nuestro corazón.

Continuando con la historia de José puedo imaginar que el José que llegó a Egipto no fue el mismo que el Faraón estableció como gobernador. El José que llegó a Egipto era un José atemorizado por haber experimentado esos episodios de crueldad de intento de ser asesinado por su propio hermano en una etapa tan temprana de su vida.

Es probable que con el tiempo fuera albergando cierto coraje o resentimiento contra sus hermanos por lo que le hicieron. También es probable que pensamientos de venganza hayan aflorado al corazón de José.

Sin embargo el José que vemos después de haber sido posicionado como gobernador de Egipto es un José perdonador, sensible, conocedor de su misión en el reino.

Eso es precisamente lo que hacen los procesos que Dios permite en nuestra vida. Esos momentos que son tan dolosos para nosotros. Cuando las situaciones negativas parecieran arroparnos, donde hay personas que se levantan en nuestra contra sin que le demos motivo. Nuestros ayudadores se van de nuestro lado. Pareciera que estamos solos. Durante ese desierto Dios desea trabajar varias cosas en nosotros que nos llevarán a explotar nuestro potencial.

Las Escrituras no mencionan que José tuvo la habilidad de interpretación de sueños antes de ser llevado a la cárcel. Al contrario nos muestran a un José con un don maravilloso de revelación desde niño. Dios le revelaba su futuro por sueños pero él no podía interpretarlo. Fue en la prisión, en la adversidad donde el potencial de José fue puesto de manifiesto.

Otro aspecto que Dios trabajó en la vida de José durante los días de desierto fue el llevarlo a descubrir el verdadero propósito por el cual el había sido llevado a Egipto.

"Así pues, no me enviaste acá vosotros, sino Dios, que me ha puesto por padre de faraón y por señor de toda vuestra casa, y por gobernador de toda la tierra de Egipto" (Génesis 45:8)

Otro aspecto trabajado por Dios en la vida de José durante el proceso que lo llevaría a su destino fue el perdón. En ese tiempo de espera de lo que Dios nos ha prometido nuestros verdaderos motivos se ponen de manifiesto.

José pudo haberse vengado de sus hermanos una vez fue puesto en posición de poder sobre ellos. Sin embargo sucedió todo lo contrario. Lloró, los perdonó, los honró y les dijo que no se preocuparan, que él había entendido que todo lo que pasó era parte del plan de Dios paras su vida. (Génesis 43:30 y 45:5)

Nunca recibiremos todo lo que Dios tiene destinado para nosotros mientras nuestro principal motivo no sea honrarlo a El.

Ana honró a Dios entregándole a su hijo Samuel. David lo honró dándole el primer lugar durante su reinado. José lo honró a través de su integridad y amor hacia sus enemigos.

EL TEMOR

"Porque no nos ha dado Dios un espíritu de cobardía, sino de poder, amor y dominio propio" (2 Timoteo 1:7)

A través de este verso podemos apreciar que el temor es un espíritu. Me atrevería a decir que es uno de los espíritus con más asignaciones en el reino de las tinieblas.

Todos hemos sido alguna vez tentados o persuadidos por ese espíritu. Los ataques demoníacos que más éxito tienen son aquellos que van dirigidos directamente a nuestras emociones. La ira, la contienda, ansiedad, duda, depresión, etc. El temor o miedo es uno de ellos.

Lo interesante es que al igual que los animales salvajes pueden percibir cuando una persona o animal le teme de la misma manera el reino de las tinieblas puede percibir cuando estamos siendo intimidados por las ideas de temor que ellos ministran a nuestras mentes.

POR QUÉ EL REINO DE LAS TINIEBLAS UTILIZA EL TEMOR

El temor es una de las armas más poderosas y sutiles del reino de las tinieblas. El temor es un ataque dirigido directamente a nuestras emociones. Eso nos impide darnos cuenta de que estamos siendo sutilmente atacados por el enemigo.

Digo que es una de las armas más poderosas porque el miedo nos paraliza, nos bloquea, nos crea una barrera mental que nos impide ver las cosas en su justa dimensión. El miedo además distorsiona nuestra percepción real del problema. Nos limita, nos impide tomar decisiones acertadas.

Pero donde radica su mayor peligrosidad es en el aspecto espiritual del temor. Como dijimos anteriormente el temor bloquea nuestra mente. Hace que centremos todos nuestros pensamientos y energía en el problema maximizándolo o haciendo que este se vea más grande.

Una de las armas más poderosas de todo creyente es la adoración. Es la llave de la puerta que nos da acceso al Padre y que suelta todo lo que está en el corazón del Padre a través del Espíritu Santo. Pero cuando somos atormentados por el temor y nuestras mentes están bloqueadas no podemos entrar en niveles profundos de adoración por lo tanto no podemos recibir la revelación.

No podemos recibir la dirección, ni la luz, ni las estrategias, ni la visión que vienen del padre a través del Espíritu Santo lo que significa que estamos perdidos como un barco sin capitán. Cuando no podemos ser dirigidos por Dios no podemos tener una vida victoriosa. Si hay algo que el enemigo intentará quitar de nuestra vida es la comunicación que el Padre tiene con nosotros y nosotros con El por medio de la oración.

EL MIEDO NOS DEBILITA

Otro efecto adverso que tiene el miedo sobre nuestra Fe es que nos roba el gozo.

"El gozo de Jehová es nuestra fortaleza" (Nehemías 8:10)

Entonces si el gozo de Jehová es nuestra fortaleza eso significa que sin gozo estamos debilitados. Otra de las razones por las cuales el enemigo nos ataca a través del miedo es para debilitarnos. Un guerrero debilitado tiene pocas probabilidades de ganar la batalla.

EL MIEDO NOS LIMITA

El miedo nos impide pasar al próximo nivel. No nos deja avanzar porque bloquea nuestra capacidad de procesar adecuadamente nuestras ideas limitando nuestra creatividad.

Otro aspecto es que nos impide explotar nuestro potencial. Nos hace mantener la *vista fija* en las amenazas del enemigo y en nuestras circunstancias y nos hace pensar cosas como:

"Otros lo han intentado y no han podido. Yo tampoco lo podré lograr"

"Todos dicen que no podré hacerlo"

"No creo que sea el momento, quizás luego"

"Y si fracaso, y si no lo logro, que pensarán los demás"

Estos, entre otros pensamientos, no hacen más que alimentar el temor en nosotros.

Ese "que pensaran los demás" es una de las grandes razones por la que Dios permite los procesos en nuestra vida. Para que dejemos a un lado el deseo de querer complacer a los demás, que de hecho es el objetivo más fallido que podemos intentar. Nunca lograremos complacer a todas las personas. Nuestro compromiso debiera ser más bien agradarlo a Él.

Cuando buscamos primero el favor de Dios, Él se encargará de poner favor en nosotros frente a otra persona.

EL MIEDO GRITA FUERTE

Otro efecto nocivo del miedo sobre nuestra fe es que a menudo las voces que nos ministran miedo se oyen más altas que la voz de Dios en nuestra vida. Otro gran dilema radica en que no solo el enemigo nos ataca a través de nuestra mente como si fuera un pensamiento. También el Espíritu Santo se comunica con nosotros a través de nuestra mente, como un pensamiento.

El problema es que cuando estamos siendo atacados por los espíritus de temor, cada cosa que el Espíritu Santo nos indica es contradicha por un pensamiento contrario inducido por el espíritu de temor. Veamos un ejemplo. Dios a través de su Espíritu nos habla y nos dice que nos va a dar la casa que le hemos estado pidiendo en oración. Entonces viene el espíritu de temor y pone en nuestra mente pensamientos como:

"¿Cómo Dios te la va dar?"

"Tú no tienes suficientes recursos para esa casa."

"Anteriormente lo intentaste y no se pudo."

"Tu vecino tiene mejores posibilidades que tú y se la negaron."

Esas voces de temor logran opacar la voz del Espíritu Santo en nosotros y nos olvidamos de que cuando Dios nos promete algo no es nuestra asignación el racionalizar cómo Dios lo va a hacer. Nuestro trabajo es creer.

"Conforme a vuestra fe os sera hecho" (Mateos 9:29)

¡CONTRATACA!

Una de las armas más eficaces contra el espíritu de temor es la utilizada por Jesús cuando El salió de ayunar cuarenta días y fue tentado por el Satanás.

Cuando Jesús fue tentado por el diablo no conversó animadamente con esas ideas que le ministraba el enemigo. No guardó silencio frente a sus palabras ni se puso a racionalizarlas para ver qué tan ciertas podrían ser. ¡Jesús contratacó! (Ver Mateos 4)

La manera de saber que estamos siendo atacados por un espíritu de temor es que el espíritu de temor siempre nos ministrará lo contrario a lo que Dios nos ha dicho a través de las Sagradas Escrituras.

Por alguna razón una de las expresiones más encontradas en la Biblia es *no temas*. El Señor sabía que íbamos a tener que lidiar con ese espíritu con mucha frecuencia. Pero les tengo buenas noticias. El espíritu de temor solo es enviado a personas con gran potencial en Dios con el objetivo de impedir que estas alcancen su destino en Dios.

Una de las formas de contratacar a ese espíritu es a través de la *espada de doble filo:* la Palabra de Dios. Cuando Satanás le dijo a Jesús *"si eres hijo de Dios, di a estas piedras que se conviertan en pan"* (Mateos

4:3), Jesús contratacó con la Palabra y le respondió *"no solo de pan vivirá el hombre"* (Mateos 4:4)

Otra arma poderosa contra el espíritu de temor es hacer lo contrario a lo que ese espíritu nos ministra. Si el enemigo intenta detenerte a través de pensamientos de intimidación para que no te muevas a lo que Dios te ha llamado ¡levántate y hazlo!

Si el espíritu de temor ministra a tu mente "no puedes, no lo podrás lograr" contesta *"todo lo puedo en Cristo que me fortalece"* (Filepenses 4:13).

Si el espíritu de temor te dice "no podrás tener éxito, en tu familia nadie lo ha tenido" contrataca contestando *"Jesús anuló el acta de los decretos que me era contraria, y triunfó sobre ella en la cruz"* (Colosenses 2:14-15).

Si te ministra "eres pobre, no tienes dinero para eso" contrataca contestando "Mi Dios suplirá todo lo que me hace falta conforme a sus riquezas en gloria en Cristo Jesús" (Filipenses 4:19.

O cuando te diga "ese enemigo es más fuerte que tú, no lo vencerás" contrataca contestando *"El señor es mi ayudador, no temeré lo que pueda hacer el hombre"* (Hebreo 13;6).

Esa es la clave. Hacer lo contrario a lo que te ministra ese espíritu y contratacar con la palabra de Dios. No debemos esperar hasta no sentir miedo para hacer lo que hemos sido llamados hacer sino hacerlo con miedo. Por eso la Biblia enseña *"resistid al diablo, y huirá de vosotros "* (Santiago 4:7). Parte de resistirlo es mantenernos firmes en la palabra de Dios sin importar lo que él haga para detenernos.

EL LUGAR SECRETO

"Más tú cuando ores, entra en tu aposento, y cerrada la puerta ora a tu padre que está en secreto, y tu padre que ve en lo secreto, te recompensara en público" (Mateo 6:6).

Podemos ver que cada vez que Dios quería tratar con el hombre lo apartaba de la multitud.

También podemos notar que cuando Dios iba a intimar con el hombre regularmente lo hacía en lugares apartados y en tiempo de mucha soledad. Recordemos el caso de Jacob, por ejemplo, cuando tuvo el encuentro con Dios que cambió su destino, cuando el vio la escalera que conectaba al cielo con la tierra y vio ángeles que subían y bajaban de esa escalera.

Ese encuentro directo de Jacob con Dios sucedió en un momento de mucha soledad, cuando Jacob se había apartado de su familia, sus seres queridos y se encontraba huyendo de su hermano Esaú en una tierra extraña, solo y forastero (Génesis 28:10-22).

Lo mismo sucedió con Moisés. Cuando Dios quería comunicarse directamente con El lo apartaba de la multitud y le pedía subir a la montaña y allí le hablaba.

"Entonces Jehová dijo a Moisés sube a mi monte y espera allá, y te daré tabla de piedra, y la ley, mandamientos que he escrito para enseñarle" (Exodo 24:12)

Recordemos también el caso de Abraham, cuando Dios le dijo. "Sal de tu casa y de tu parentela a la tierra que yo te mostraré" (Génesis

12:1). Y estando Abraham en esas tierras la Biblia nos dice que cada vez que Dios quería tratar con él lo sacaba a solas:

"Y lo llevó fuera y le dijo: mira ahora los cielos, y cuenta las estrellas, si la puedes contar, y le dijo: así será tu descendencia." (Génesis 15:5)

A través de estas historias podemos ver la necesidad de Dios de comunicarse con sus criaturas, de intimar con nosotros. El problema es que a veces son tantas las voces de la multitud hablando a nuestros oídos que no podemos escuchar la voz de Dios.

Otras veces tan envueltos estamos tratando de suplir nuestras necesidades físicas diarias que no nos detenemos a escuchar su voz. O estamos tan cómodos dentro de nuestra situación que ni siquiera prestamos atención cuando El nos habla.

De ahí pienso surge la necesidad de Dios de apartar a las personas de la multitud a la hora de revelarles su propósito y empoderarlas para su destino.

IMPORTANCIA DEL LUGAR SECRETO

Se hace imprescindible para cada creyente llamado a servir en algún área del ministerio contar con un *lugar secreto*. El lugar secreto no es más que ese espacio de su casa o del lugar donde habita, reservado solo para hablar con Dios.

A medidas que los distractores externos de la fe aumentan se hace más y más indispensable ese espacio o punto de encuentro entre el Espíritu de Dios y nosotros sus hijos.

Es en el lugar secreto donde aprendemos a escuchar la voz del Espíritu Santo.

Nunca podremos identificar la voz del Espíritu Santo en público si no aprendemos primero a escuchar su voz en privado.

Es en el lugar secreto donde somos corregidos por el Espíritu de Dios.

Es en el lugar secreto donde nuestro propósito nos es revelado y somos empoderados por Dios a través de su Espíritu para operar en los dones según nuestro llamado.

Es en el lugar secreto donde somos entrenados por Dios para ser victoriosos en el área de nuestro llamado. Es allí donde recibimos las estrategias del reino que necesitamos para llevar a cabo nuestra misión.

Es en el lugar secreto donde recibimos las revelaciones y somos impartidos por Dios para operar en lo sobrenatural.

No habría un David sin una cueva de Adula. No habría un Moisés sin un desierto. No habría un José sin una cárcel. En el lugar secreto es donde somos formados, corregidos, empoderados por Dios para alcanzar nuestro destino o propósito.

DE ESPÍRITU A ESPÍRITU

A menudo escucho a personas preguntar: ¿Si Dios es omnisciente y puedo hablar con El donde quiera que me encuentro por qué necesito de un lugar secreto? Por varias razones. En primer lugar cuando apartamos un lugar en nuestra casa para orar le decimos a Dios: "Eres parte de nuestra Familia".

Cuando nos apartamos en ese lugar estamos sacando un tiempo de nuestro día para dedicarlo a fomentar nuestra relación con Dios dándole un espacio en nuestra agenda. Diariamente nosotros dedicamos tiempo a todo lo que consideramos importante o indispensable en nuestra vida. Sacamos tiempo para trabajar, comer, bañarnos, etc. Todo eso es muy importante pero solo beneficia al cuerpo. ¡Nosotros no somos un cuerpo!

Somos un espíritu que tiene un alma y que vive dentro de un cuerpo. Cuando sacamos tiempo con Dios estamos alimentando nuestro verdadero Yo. El Espíritu de Dios no se comunica con nuestro cuerpo (carne), sino con nuestro espíritu. Es en ese *lugar secreto*, donde ponemos nuestra humanidad (carne) a un lado y dejamos que nuestro espíritu se comunique con el Espíritu del Padre y donde los grandes misterios, los secretos del reino nos son revelados.

El gran dilema que enfrentamos como creyentes es que muchas veces deseamos tener un gran ministerio, que todos nos reconozcan, pero nos rehusamos primero a conocer en lo secreto al Dios que hace grandes cosas. Volvamos por un momento a la historia de Abraham.

Antes de Abraham ser llamado el padre de la Fe y de que su descendencia se convirtiera en una gran nación, él tuvo que pasar varios años hablando con Dios en privado y obedeciéndolo en cosas tan difíciles como sacrificar a su propio hijo.

Moisés antes de convertirse en el libertador del pueblo de Israel cuando era esclavo en Egipto también tuvo que pasar mucho tiempo oyendo y obedeciendo la voz de Dios en lo secreto. Cuando Moisés empezó a escuchar la voz de Dios ni siquiera él sabía quién le hablaba (Éxodo 3:13-14). Fue luego de varias conversaciones cuando él aprendió a identificar la voz de Dios y a obedecerla.

EL PROCESO DE ENTRENAMIENTO

El proceso de entrenamiento es esa situación difícil que llega a la vida de todo creyente en donde somos removidos de nuestra zona de confort. Donde todo escasea. Donde nuestras amistades se alejan y somos probados en todas las aéreas de nuestra vida: finanzas, salud, matrimonio, etc. Este proceso llega a nuestra vida generalmente de forma humanamente inexplicable con el propósito divino de entrenarnos para alcanzar nuestro destino.

Antes de que recibamos todo lo que Dios ha diseñado para nosotros pasamos por un proceso de entrenamiento donde somos entrenados en distintas aéreas. Una de ella es a **aprender a escuchar la voz de Dios.** No sabríamos identificar su voz cuando El nos entregue multitudes y todos estén opinando a la vez sobre lo que debemos y no debemos hacer si primero no hemos sido entrenados *en lo secreto* a escuchar su voz.

Otra área en la que somos entrenados antes de recibir todo lo que Dios nos ha prometido es en la obediencia. **Aprender a obedecer la voz de Dios** y su palabra. Podemos ser muy buenos escuchando e identificando la voz de Dios pero sino obedecemos o seguimos sus instrucciones de nada nos serviría.

A menudo solemos pedirle al Espíritu Santo que nos revele la voluntad del padre y que nos envíe luz para saber qué decisión tomar en determinadas circunstancias. El Espíritu Santo a su vez está esperando que nosotros obedezcamos las primeras instrucciones que ya El nos había dado para luego revelarnos lo próximo.

Otra área en la que somos entrenados por Dios antes de entrar en nuestra temporada de abundancia es aprender a diferenciar nuestra **emoción de nuestra unción.** En otras palabras saber cuándo es el Espíritu de Dios quien nos está dando instrucciones o son nuestros pensamientos. Cuándo nos encontramos frente a una revelación y cuándo simplemente estamos teniendo un sueño.

Esa capacidad para distinguir o identificar todas esas dinámicas espirituales y/o humanas solo la obtenemos en el *lugar secreto* o en ese proceso de entrenamiento.

La importancia de aprender a escuchar la voz de Dios y a seguir sus instrucciones radica en que una vez hemos sido llamados por Dios a trabajar en alguna área del ministerio, El se constituye en nuestro capitán y el Espíritu Santo en nuestro guía. Esto significa que debemos obedecer una serie de comandos y seguir ciertas instrucciones que nos van a guiar a explotar nuestro potencial y alcanzar nuestro destino.

Pero para poder seguir esas instrucciones correctamente necesitamos primero aprender a identificar la voz de nuestro instructor y segundo obedecer esas instrucciones que nos guiarán a cumplir nuestra misión de forma exitosa.

En ese lugar de entrenamiento también somos entrenados en nuestro **carácter**. Durante ese tiempo de entrenamiento en el que somos apartados por Dios, todas las aéreas de debilidad o dificultad de nuestra personalidad se hacen visibles. Las fragilidades de nuestra humanidad quedan expuestas y es cuando empezamos a entender que por nuestras propias fuerzas no podemos. Que necesitamos de la ayuda, fuerza, dirección, gracia de Dios para poder vivir.

Es pertinente aclarar que el hecho de que le haya dado primacía al espíritu, nuestro verdadero yo, no significa que el cuerpo donde habitamos no sea importante. El cuerpo es el templo del Espíritu Santo (Romanos 8:11). Nuestro espíritu solo, sin el cuerpo, no puede ser usado en los propósitos del reino de DIOS en la tierra. Una vez que nuestro espíritu es empoderado por el Espíritu de Dios este necesita un cuerpo para operar

Recuerdo que hace muchos años fui ministrada por un profeta de Dios. Recuerdo que el Espíritu Santo me habló poderosamente a través de él. Me hablaba sobre el propósito de Dios para mi vida. Cuando él terminó su ministración yo le dije al señor: "Señor no creo que esté lista para hacer todo lo que tú hablaste a través del profeta".

En ese momento escuché la voz del Espíritu Santo que me habló y dijo: "No eres tú quien lo hará, soy yo. Solo quiero saber si estás dispuesta a prestarme tu cuerpo para yo operar a través de ti en liberación, sanación, revelación de la palabra, etc. Cuerpos humanos disponibles es todo lo que necesita el Espíritu Santo para traer el gobierno de Dios a la tierra.

Los procesos no son más que esa temporada de entrenamiento que le permite al Espíritu de Dios comunicarse con nuestro espíritu para equiparlo, prepararlo, empoderarlo para la misión que fuimos creados. La razón por la cual esos procesos son humanamente dolorosos es porque no solo nuestro espíritu es entrenado para esa misión, sino también el cuerpo donde ese Espíritu va a operar. Nuestro cuerpo. Ese cuerpo donde nuestro espíritu habita es una persona que tiene voluntad, deseos, etc. Lamentablemente la voluntad de ese cuerpo es contraria a la voluntad del espíritu (Romanos 8:5-10). Cuando le damos el permiso al Espíritu de Dios a través de la conversión de trabajar esos rasgos del carácter y la personalidad que interfieren entre nuestro espíritu y el plan de Dios para nuestra vida es cuando resulta doloroso para nuestra humanidad.

Por eso es que durante el proceso sentimos que literalmente morimos. Porque nuestra humanidad está siendo confrontada, moldeada, suprimida bajo los frutos del Espíritu. Hay obras de la carne que deben morir para que nuestro espíritu pueda alcanzar la dimensión destinada por Dios.

El peligro radica en que el hecho de que ese proceso de entrenamiento sea tan doloroso para nuestra humanidad nos lleva a cometer errores. Uno de ellos y creo que es el más frecuente, es la **desesperación**. Nos desesperamos y en nuestro deseo de salir rápido de esa situación tomamos malas decisiones. Logramos con esto alargar el tiempo de operación del Espíritu Santo en nuestra vida y prolongar nuestra promoción.

Otra reacción común cuando estamos siendo procesados es la **resistencia**. Todo cambio crea resistencia. Esa resistencia viene a menudo por la falta de información o conocimiento. Todos solemos reaccionar frente a lo desconocido. Muy pocas veces escucho a los pastores o ministros hablar acerca de los procesos.

Pocas veces se nos informa que los procesos son preparados estratégicamente por el Espíritu Santo para traer cambios en aéreas específicas, para enriquecer nuestro espíritu y cimentar nuestra fe y llamado. No son para destrucción ni para dañarnos sino para hacernos prosperar y para acercarnos a ese *lugar secreto* en búsqueda de dirección y en señal de entera dependencia a Dios.

Otro error tan negativo como los anteriores que cometemos durante el proceso es que nos acostumbramos a nuestra situación de limitación. Este fue el mismo error cometido por el pueblo de Israel. Divagaron tanto en el desierto porque seguían teniendo la mentalidad de esclavos, cuando ya eran libres.

.....″El pueblo tuvo allí sed y murmuró contra Moisés, y dijo: porque nos hiciste subir de Egipto para matarnos de sed a nosotros y a vuestros hijos y ganados″ (Exodo 17:3)

Es muy importante saber que los *desiertos* o *procesos* son temporadas, situaciones temporarias, que tienen fecha de expiración. El error radica cuando pensamos que el desierto es nuestro destino y dejamos de verlo como el proceso, la vía, el camino a nuestra bendición. No es nuestro final. Es solo la ruta para llegar a nuestro destino. La manera de llegar exitosamente a ese destino es a través de la alabanza o adoración, una actitud de obediencia a Dios y pasando tiempo con el Espíritu Santo en nuestro *lugar secreto* hasta obtener la victoria.

HACIENDO BUEN USO DE NUESTRA AUTORIDAD

"Pedís y no recibís porque pedís mal, para gastar en vuestro deleites"

Uno de los grandes riesgos que podemos correr como siervos de Dios es utilizar la oración y el poder que nos ha sido entregado para alimentar los deseos de la carne, para humillar a otros o para creernos autosuficientes.

Uno de los grandes desafíos de la iglesia del siglo veintiuno es el parecernos más a nuestro líder Jesús. Y digo desafío porque con tantos distractores de la Fe que enfrentamos los creyentes de este siglo pudiera perderse el enfoque original de nuestro mensaje.

Corremos el riesgo además de distorsionar este tema de poder y dominio como excusa para alimentar nuestro ego y orgullo. Para manipular a otros o sentirnos por encima de los demás. El hecho de que Dios creara al hombre para gobernar no significa un permiso para hacer uso deliberado de esa autoridad ni para pisotear o humillar a otros.

Todo lo contrario. El objetivo principal de que Dios nos delegara ese dominio es para que fuéramos buenos administradores de todo lo creado y para que ejerciéramos autoridad sobre el reino de las tinieblas. Este dominio concedido por Dios al hombre fue con la finalidad exclusiva de establecer el gobierno de Dios en la tierra y de cambiar todo modelo de operación en la tierra que no corresponda a como se opera en los cielos. Pero lamentablemente solemos mal canalizar ese dominio que nos fue otorgado llevándonos a adoptar una actitud ambiciosa, egoísta, materialista.

Nos olvidamos de que la verdadera bendición no es la que simplemente sacia nuestros deseos humanos de poseer. La verdadera bendición es la que bendice a otros, la que no es utilizada para ejercer control sobre los demás ni presumir de nuestra opulencia. Es aquella que viene a complementar una vida de entrega, integridad a Dios y amor al prójimo.

De nada nos serviría el hacer uso del poder que nos ha sido delegado si nuestro principal objetivo no es horrar a Dios y a su palabra y que su reino, nuestro reino, sea expandido por toda la tierra.

PARECIÉNDONOS AL MODELO PERFECTO

Uno de los mayores desafíos de la iglesia de hoy es parecernos más a nuestro líder Jesús. Cada día se hace más imprescindible que seamos más cristianos y menos religiosos. Que nos sintamos igual de comprometidos a emular la persona de Jesús como lo estamos con seguir los dogmas religiosos.

Como siervos del Señor cada día se nos hace más necesario que no solo hablemos del Jesús crucificado sino que emulemos su persona y misión a través de nuestra conducta convirtiéndonos así en verdaderos discípulos

Todo lo que hemos tratado en este libro tiene el objetivo de que podamos identificar nuestra misión como creyentes, nuestra identidad como hijos de Dios y nuestra posición dentro del reino. Todo esto con la finalidad de establecer el reino de Dios en la tierra y deshacer las obras del reino de las tinieblas. Pero este intento sería en vano si la persona de Jesús no está siendo reflejada a través de nosotros.

El solo hecho de predicar su mensaje nos coloca en una posición contraria al mundo en que vivimos. Pero el tenerlo a El como modelo, guía, inspiración garantiza nuestra victoria.

Afortunadamente cuando Jesús anduvo ya hace más de dos mil años por la tierra, El tuvo que enfrentar las mismas circunstancias que nosotros. El también vivió el desprecio y la indiferencia de muchas personas hacia su mensaje. Vivió la traición de su hombre de confianza, Judas. Arriesgó su vida varias veces en su intento de promover una sociedad justa para todos. Una sociedad donde las diferencias de color de piel y estatus social que dividen a la humanidad no existieran. Todo esto lo enfrentó desde su limitante posición como campesino de aldea.

Hagamos un breve recuento del contexto histórico de la vida de Jesús. Jesús era galileo. Nació en una pequeña aldea del imperio romano. El imperio es conocido como el más grande y celebrado de la historia. Este imperio era conocido por sus grandes conquistas, intimidación y esclavización de los pueblos conquistados.

Sus moradores hacían alarde de la paz que disfrutaba aquel imperio. Ellos cuidaban mucho esa reputación de *pacíficos* por lo tanto las personas que acusadas de alterar la paz era castigadas con muerte de cruz o crucifixión.

El sistema socio político de aquel imperio era el patronato. El más pobre servía al más pudiente.

El César era la principal figura de autoridad social y religiosa de aquel imperio. El era llamado *el hijo de Dios*.

Era costumbre que los ciudadanos celebraran culto al César. El emperador tenía tanto poder que hasta las monedas de aquel entonces eran acuñadas con su cara. El acto de celebrarle culto al emperador era considerado como una prueba de lealtad.

El lema de aquel imperio era *paz y seguridad* y el César era llamado *el salvador*. *Las buenas noticias*, solo estaban asociadas a los logros del César.

En cuanto al aspecto religioso en el tiempo de Jesús predominaba el judaísmo temprano y el politeísmo. Se creía en la existencia de varios dioses pero a pesar de eso era Roma la que tenía la última palabra.

Esa sociedad donde creció Jesús era además una sociedad jerárquica. Primero estaba la élite que estaba compuesta por el emperador, senadores, oficiales de las leyes, etc. Luego estaban los oficiales religioso, después los comerciantes, luego los artesanos, los campesinos, los esclavos, las mujeres, los niños y por último las personas con algún impedimento físico y o mental. Aquella era además una sociedad patriarcal.

El hombre lo gobernaba todo en la sociedad y en la familia incluyendo a los esclavos. En aquella sociedad los esclavos nacían esclavos o los hacían. Los esclavos no podían tener matrimonio legal, ellos eran propiedad, no personas.

Otro aspecto interesante en la sociedad de Jesús era el psicosocial. En aquella sociedad la autoestima no existía porque la estima dependía de los demás o sea de la opinión del grupo.

"En cuanto a la mujer, ella era solo propiedad del varón, su deber era moler el trigo, cocer el pan, hilar, tejer, lavar el rostro, las manos, los pies de su marido, y darle hijos."[4]

Esto era después que se casaba. *"Antes de casarse, la mujer, estaba bajo el control de su padre y sus hermanos."*[5]

Si esta enviudaba regresaba bajo el control de su padre.

La mujer además era *"ritualmente impura, durante su periodo y después del parto, las personas y los objetos que esta tocaba, quedaban contaminados."*[6] Nadie debía acercarse a una mujer bajo esas circunstancias. *"Tampoco le era permitido a la mujer hablar en público, la mujer que andaba fuera de su casa y sin la vigilancia de un hombre era considerada como una conducta desviada."*[7]

La razón por la que hago todo este recuento es para que puedan tener una idea de todo lo que Jesús tuvo que enfrentar en su misión de establecer el reino de Dios en la tierra. ¡El tuvo que ir contra todo un imperio! El hecho de que Jesús dijera en una sociedad elitista como aquella que para entrar en el reino de Dios había que ser como un niño podría verse como un desafío en una sociedad donde los niños, las mujeres y los discapacitados eran los últimos.

---

[4] José Antonio Pagola, *Jesús aproximación histórica.* (Buenos Aires: Claretiana, 2010), 221.

[5] José Antonio Pagola, *Jesús aproximación histórica.* (Buenos Aires: Claretiana, 2010), 220.

[6] José Antonio Pagola, *Jesús aproximación histórica.* (Buenos Aires: Claretiana, 2010), 220.

[7] José Antonio Pagola, *Jesús aproximación histórica.* (Buenos Aires: Claretiana, 2010), 222.

Lo mismo sucedió cuando Jesús permitió que una mujer considerada inmunda lo tocara y anduviera libremente entre la multitud, cuando las leyes de aquella sociedad establecían que una mujer durante su ciclo menstrual debía estar aislada. Jesús no solo le permitió a esa mujer tocarlo sino que dijo frente a todos que ese toque había sido especial porque sintió que poder había salido de el.

Otro comportamiento de Jesús considerado como escandaloso en aquella sociedad fue la presencia de las mujeres en las comidas de Jesús. Las mujeres no podían salir de sus casa solas y mucho menos detrás de un hombre porque eran consideradas como *"mujeres de fácil acceso"*[8]

El hecho de que Jesús le dijera a Marta que saliera de la cocina para que escuchara su mensaje era considerado como otro desafío para una sociedad donde la mujer estaba asignada exclusivamente al trabajo del hogar.[9]

Otro hecho trascendental del comportamiento de Jesús en su misión de establecer el reino de Dios en la tierra fue el hecho de que El comparara el comportamiento de una mujer con el de un hombre cuando perdonó a la mujer adúltera utilizando las palabras: *"el que de vosotros esté libre de pecado, que tire la primera piedra"* (Juan 8:7)

---

[8]   José Antonio Pagola, *Jesús aproximación histórica*. (Buenos Aires: Claretiana, 2010), 224.

[9]   José Antonio Pagola, *Jesús aproximación histórica*. (Buenos Aires: Claretiana, 2010), 226.

En aquella sociedad el adulterio de una mujer era el símbolo más alto de deshonra familiar, mientras que el hombre no era acusado por esas conductas.[10]

Otro comportamiento de Jesús que lo colocó en una posición contraria a la sociedad de su época fueron los milagros. Como las personas con algún impedimento físico o mental eran considerados menos que los esclavos y los niños no valían nada. Tenían que estar aislados del resto de la sociedad. Pero Jesús en su misión de establecer el reino de Dios compartía con todos. Tocaba a los enfermos y los sanaba. Compartía con las viudas. Sacaba tiempo para conversar con los niños, etc. Ese comportamiento de Jesús hizo que la gente viera en El a alguien diferente, especial.

Ellos nunca escucharon de la boca a Jesús palabras despectivas. Nunca les habló a las mujeres de estar sometidas al sistema patriarcal. Cargaba a los niños, le dedicaba tiempo a aquellos que eran considerados los últimos.

Fue cuando llegó Jesús que los pobres por primera vez escucharon una palabra de esperanza. Los enfermos y los que sufrían fueron mirados con ojos de compasión. Los niños encontraron a alguien que los tomara en cuenta. Las viudas escucharon una voz que hablara a su favor, cuando Jesús le dijo a la multitud: *"de cierto os digo que esa viuda pobre ha echado más que todos los que han echado en el arca"* (Marcos 12:43).

---

[10] José Antonio Pagola, *Jesús aproximación histórica.* (Buenos Aires: Claretiana, 2010), 228.

Muchas de esa mujeres arriesgaban su vida siguiendo a Jesús por los caminos de Galilea porque veían en el una alternativa de una vida más digna. A la llegada de Jesús ya las *buenas noticias* no estaban asociadas a los logros del César, sinó al nuevo mensaje de amor al prójimo, compasión e igualdad social que Jesús predicaba.

Les hago este recuento de la misión de nuestro maestro con el objetivo de refrescar su memoria acerca de cuál era la misión de Jesús en la tierra, la cual es nuestra misión hoy día. Como sus seguidores nuestra asignación es darle continuidad a ese trabajo que ya El inició hace más de dos mil años.

Les enfatizo que de nada valdría nuestro intento de hacer uso del poder que el reino de Dios nos otorga si en nuestra voluntad primera no está el modelar a la persona de Jesús, *"ese galileo fascinante nacido hace más de dos mil años, en una humilde aldea del imperio romano, y crucificado como un malhechor, en las afueras de Jerusalén."*[11] De qué servirían nuestras palabras, intercesiones y milagros si las personas no perciben en nosotros la misma compasión que el mostró por los que sufren. Esa valoración y afecto por los menos afortunados y sobre todo ese mensaje de reconciliación y esperanza del cual hablaba nuestro maestro.

Creo que como personas llamadas a servir en algún área de este precioso ministerio tenemos la gran responsabilidad de seguir el legado de Jesús, entendiendo que el reino de Dios es mucho más que dinero, más que fama o reconocimiento. Es más bien un modo de vida basado en el amor a los demás. Es el reino en el que nuestro

---

[11] José Antonio Pagola, *Jesús aproximación histórica*. (Buenos Aires: Claretiana, 2010), 5.

maestro Jesús dijo que los últimos serán los primeros y donde son *"bienaventurados los pobres en espíritu porque de ellos es el reino de los cielos".*

"Bien aventurados los que tienen hambre y sed de justicia, porque ellos serán saciados" (Mateo 5:6).

De aquellos que no pueden defenderse solos porque su voz no es oída o no cuentan en nuestra sociedad clasista y elitista, de aquellos que El dijo: *"Bien aventurados los que lloran, porque ellos recibirán consolación" (Mateo 5:4).*

Al igual que Jesús nosotros los llamados a seguir su legado diariamente tenemos que enfrentar los mismos obstáculos que el enfrentó pero con la gran diferencia de que ya no seremos crucificados ni vencidos. Porque con su muerte en la cruz El compró nuestra victoria en todas las áreas de nuestra vida haciéndonos más que vencedores.

"Somos más que vencedores, por medio de aquel que nos amo" (Romanos 8:37).

Ahora solo nos resta confiar en sus promesas. Obedecer las reglas que El estableció para nuestro bienestar y seguir modelando su persona, carácter, compasión, su amor por la humanidad. Ejercer esa autoridad que El nos entregó con su muerte en la cruz y cumplir con esa gran comisión de que no haya un rincón de este planeta que no sea impactado con su mensaje.

Tú y yo hemos sido los escogidos para llevar cabo esa misión para este tiempo. ¡Así que cumplamos con nuestro propósito!

BIBLIOGRAFÍA

Pagola, Jose Antonio. *Jesús aproximación histórica.* **Buenos Aires: Claretiana, 2010.**

Santa Biblia. Versión 60 Reina Valera. Nashville, Tennessee, USA: Holman Bible Publishers, 1990.

Made in the USA
San Bernardino, CA
18 April 2019